发现太原府城

A Journey to Discover Taiyuan

《发现太原府城》编委会

中国·太原

山西出版传媒集团 三晋出版社

发现太原府城

A Journey to Discover Taiyuan

《发现太原府城》编委会

主　　编	李　慧
副 主 编	赵学军　闫晓琴　李　敏
撰　　稿	党三玲　王欣雨　多　宝 金　兰　吴　瑜　辰　儒
策划统筹	孔莉萍　郭　厦　张璐芳
版式设计	田　露
手　　绘	顾纭绯　陈　珊
摄　　影	金　祥　宿晓健　程耀宝 顾　桐　狄　森　赵世凯

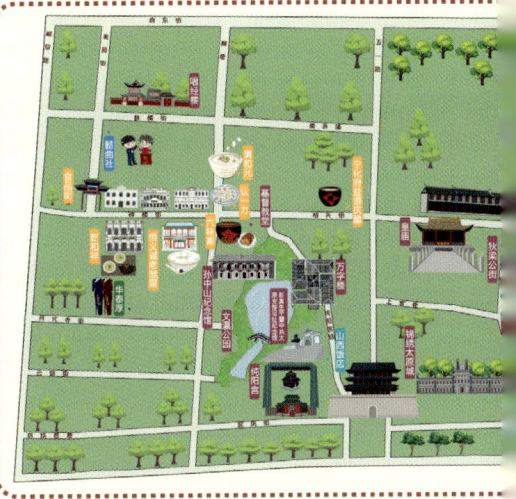

太原有 2500 多年建城史，是国家历史文化名城。

太原府城的范围，北起北大街，南至迎泽建路，东至建设路。

明太原城城墙周长二十四里，高三丈五尺，北曰镇远、拱极，俗称大北门、小北门；南曰迎泽、承恩，俗称大南门、新南门；西曰振武、阜城，俗称水西门、旱西门；东曰宜春、迎晖，俗称大东门、小东门。

千年府城 首善迎泽

太原市迎泽区精品手绘地图

大街，西起新
，共开八门，
泽、承恩，俗
门、旱西门；

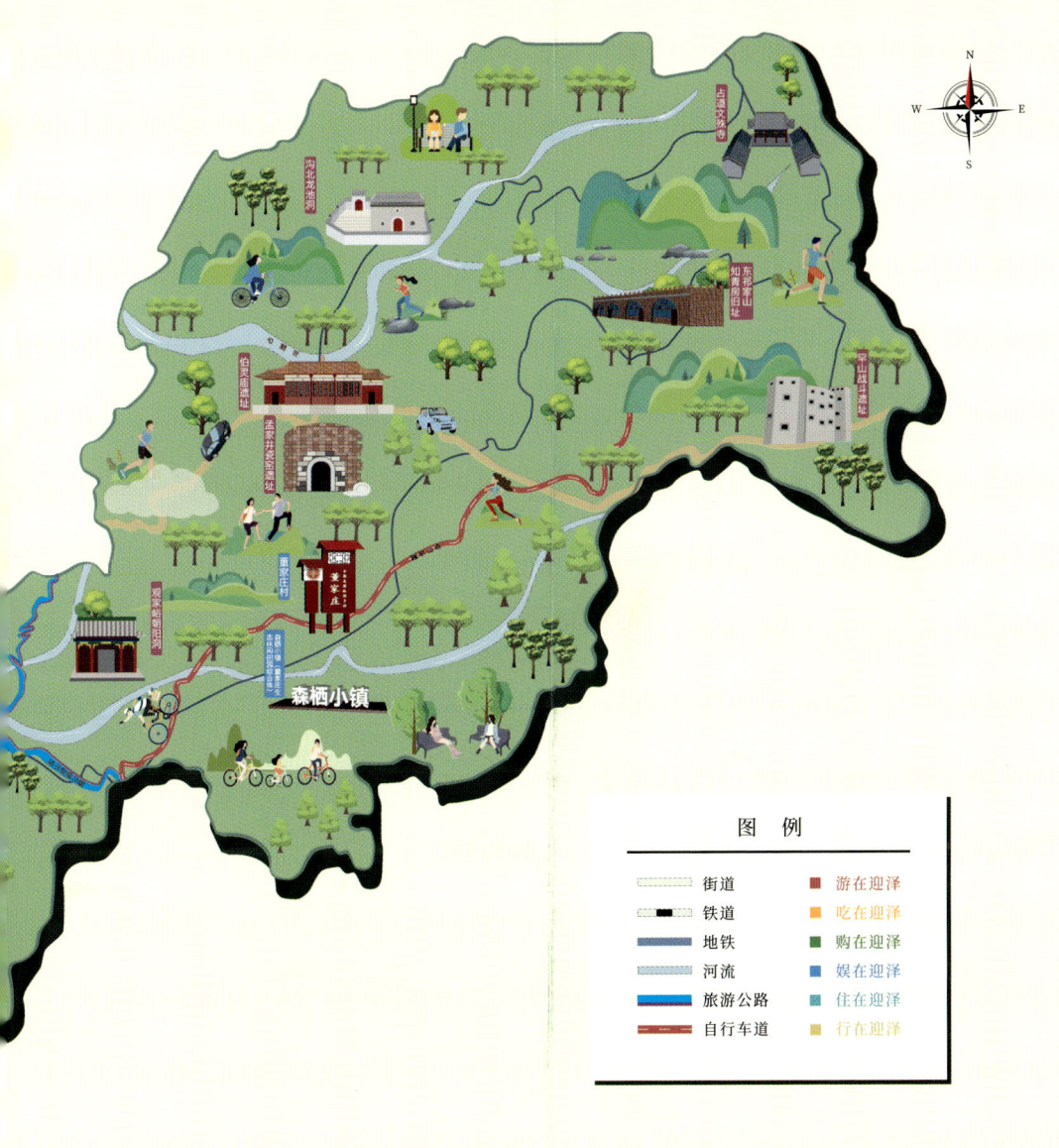

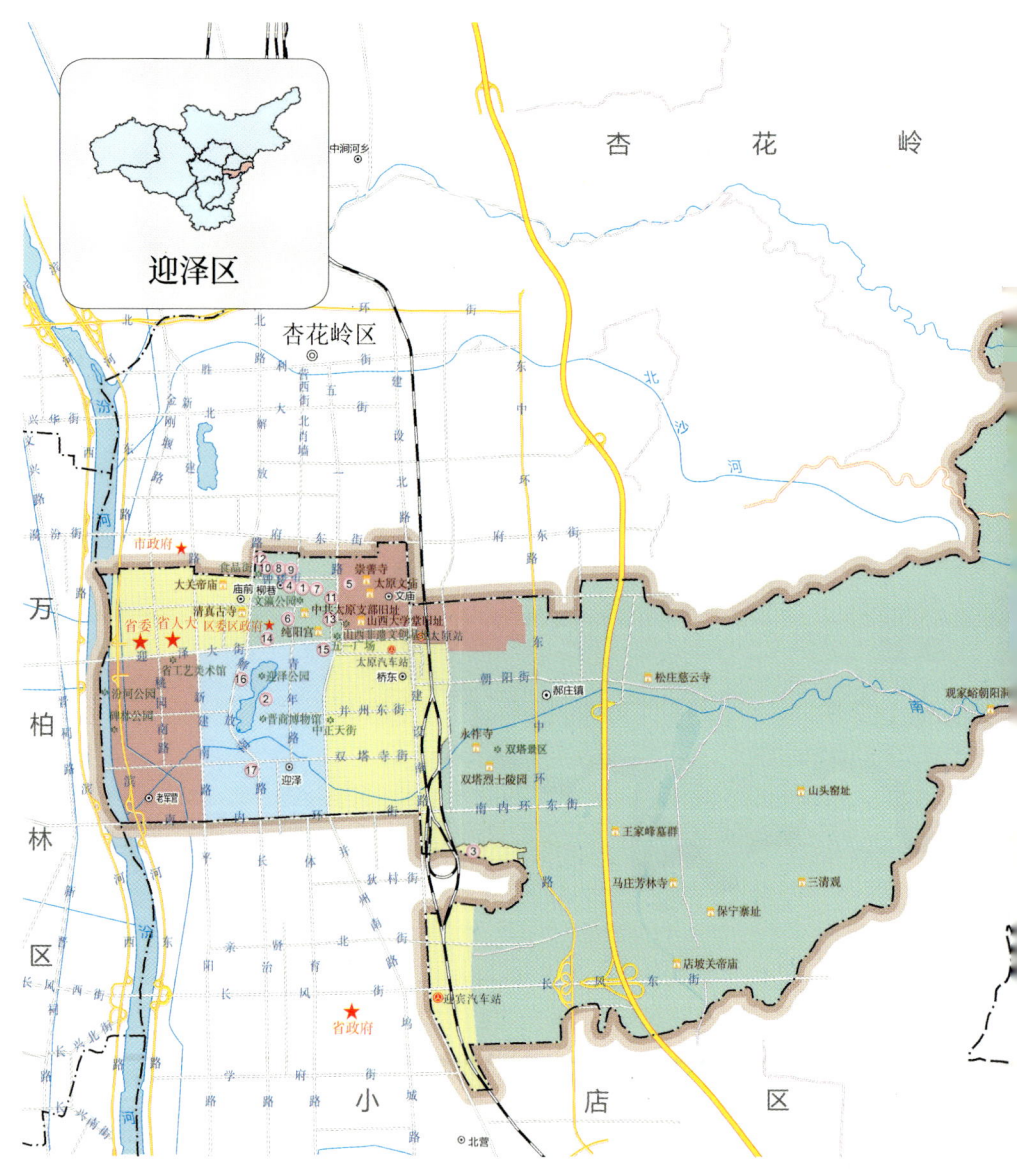

▶ 目录

1 发现太原府城

千年府城　首善迎泽　2
钟楼街：千载繁华过，百年闹市回　6
革命思想摇篮　薪火传承阵地　11
纯阳宫：全真教与纯阳帝君　16
藏身小巷的大关帝庙　20
清真古寺：建筑结构很独特　24
崇善寺：这里藏着隋炀帝行宫　28
六百年沧桑一叹——太原皇庙待重生　32
阎锡山的钱袋子：晋绥铁路银行　34
三生三世省立一中　36

2 探秘老字号

光影流转敛芳华　40
舌尖甜蜜"老香村"　42
六味飘香在柳巷　44
寻味"头脑"清和元　46
老鼠窟酿团圆味　48
一家蒸饺百家香　50
百年饼艺双合成　52
鸿宾楼里烤鸭肥　54
绵延醋香益源庆　56
天津包子晋韵长　58

4

舌尖上的迎泽

食品街　108
鼓楼羊杂　112
郝刚刚羊杂割　114
牛王庙　116
铜锣湾　118
中正天街　122

3

传奇街巷景点

狄梁公街：从大唐神探说起　62
晚清名臣与太原文庙　66
松庄土窑与傅山的朋友圈　70
五一广场：太原人的集体记忆　72
侯家巷：小巷里的大学梦　76
文瀛湖上状元桥　80
太原那些"好吃"的街巷　84
开化寺：消失于繁华街巷的千年庙宇　88
唱经楼上话五魁　92
海子边东街：八十年代大款加工厂　96
穿越时空的晋商书房——"书业诚"　98

5

城市梦空间

柳巷——太原最繁华的商业老街　134
文瀛公园——穿越时空的相会　142
夜游迎泽公园　152
楹联诗韵碑林公园　164

6 至美匠心

六百年传承——皇家"苏氏琉璃"　170
戏曲头盔传人梁翠云：一腔情怀续写三代传承　174
山西玉雕第一人刘希明　178
刻瓷非遗传人苗苗：刀与瓷的故事　182
山西"神剪"郭梅花　186
非遗传人王博：小面团捏出大世界　190
百年老巷中走出的"高跷男团"　194
郭智军：让残缺美升华的锔瓷人　198
非遗传人郭喜梅的大漆人生　202

7 博物馆前世今生

山西古建筑博物馆　208
山西考古博物馆　210
孙中山纪念馆　212
彭真生平暨中共太原支部旧址纪念馆　214
山西省体育博物馆　216

太原府城是宋太宗赵光义焚毁晋阳城后,在唐明镇(今迎泽区羊市街一带)修建起来的新城,明朝初年进行了大规模扩建。

发现府城太原

A Journey to Discover Taiyuan

壹

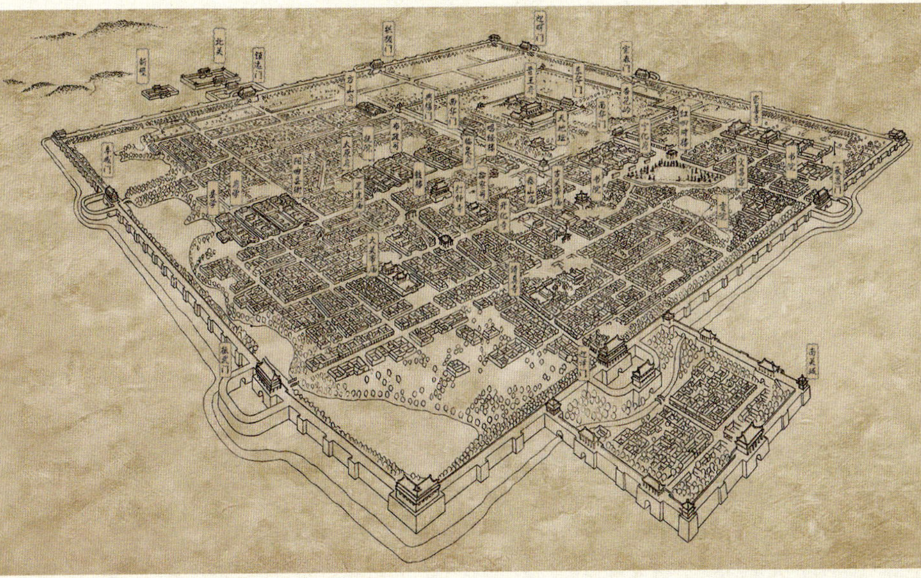

千年府城 首善迎泽

太原府城是宋太宗赵光义焚毁晋阳城后，在唐明镇（今迎泽区羊市街一带）修建起来的新城，明朝初年进行了大规模扩建。

明代第一任晋王分藩到太原后，城市规模扩大，形成了现在意义上的太原府城。

明朝初年，朱元璋先后将他的24个儿子册封为王，第三子朱㭎被封为晋王，其岳父谢成驻节太原，扩建太原城。扩建后的太原城无论规格还是规模都是当时一流的，"崇墉雉堞，壮丽甲天下"，基本奠定了今天太原府城的主要格局和地名称谓。

遗憾的是，公元1644年，清军攻陷太原后不久，晋王府突然失火，大火烧了一个多月方才完全熄灭，晋王府成为一片废墟。

现在看到的朱㭎留下的祖庙——皇庙，里面曾供奉朱元璋、徐达等开国君臣，是当年晋王府祭祀祖先、举办庆典的场所。皇庙是明代藩王祖庙在全国仅存的孤例。

当年朱㭎为纪念自己的母亲（明太祖皇后马氏）而修建的崇善寺，同样经历了大火，只有大悲殿及其附属建筑幸免于难，虽然规模只及原来的四十六分之一，却以"山西现存明代木结构建筑中最完整、最标准的建筑实例"，而成为山西明代官式建筑的代表作。

太原府城的奥秘就密布在一个个大有来头的地名中。西华门、东华门、南华门，是当年晋王府三座宫门外的走道；北肖墙、西肖墙、南肖墙，是当年晋王府的外墙；宁化府、方山府、临泉府、大濮府、小濮府，是晋王子孙们的郡王府所在；红市街，因立有晋王府的红四牌楼而得名；校尉营，是晋王府的警卫军营；享堂，是第二代晋王为了纪念母亲而修建；坝陵桥，是晋王府北门外水坝上的一座桥；典膳所，是晋王府的"御膳房"；东缉虎营、西缉虎营，传说晋王子孙在这里捕获过老虎。凭借这一连串地名，我们可以想象出晋王府当年的恢宏。

山西督军府旧址的气派，
从大门的重檐歇山顶放射出来。

晋商博物院（山西督军府旧址）位于府东街101号，曾是山西省政府所在地，北宋以前，这里是晋文公重耳庙。明永乐年间是山西巡抚衙门，直至清代。

如今的晋商博物院，就是以全国重点文物保护单位山西督军府旧址为基础，建立起来的集文物古建、园林景观、展览展示于一体的人文历史性质的博物馆。

晋商博物院（山西督军府旧址）向南，即是太原传统意义上的繁华所在。

唱经楼、书业诚、五魁巷记录着太原人的琅琅书声。唱经楼是明朝以来山西科举考试宣唱考生名次的地方。书业诚曾经是太原最大的书店。

明代科举分经取士，每经首选一人，曰经魁。五经之魁，曰五经魁，这是五魁巷的来源。

太原人很早就有了产业集聚的概念。钟楼街、柳巷这两条传统商业街,像串糖葫芦一样串起了太原的传统商业区——西羊市、馒头巷、棉花巷、靴巷、帽儿巷。1907年,正太铁路通车促进太原商业大发展,钟楼街、柳巷一带更加繁华,大中寺、开化寺、合作大楼门庭若市,乾和祥、恒义诚、华泰厚、亨得利、亨升久生意兴隆,传统票号也逐渐为现代银行所取代。

坐落在鼓楼街的山西省银行,建成于1919年,是太原早期采用砖混结构的建筑之一。立面由台基、墙身、顶部三段组成,中部四根爱奥尼石柱,柱头精美典雅,欧式风格显著。

从钟楼街一路向东,很快就能抵达文瀛公园。从地理位置上讲,这个区域位于太原中心城市的中心,府城南侧的中央。

没有比散落在大街小巷的民居更容易让人想象原汁原味的生活了。

在府城看到的太原传统住宅多为砖木结构四合院,券柱式和叠柱式设计运用于院门,山花频繁出现,于细节中体现出西风东渐的社会风潮。

位于南华门的一座三合院,是人民作家赵树理的故居,院落坐南朝北,房屋11间,皆为硬山顶,属于晚清建筑。1965年起,赵树理一家定居于此,直至1970年赵树理离世。

位于五一路与海子边之间的皇华馆12号民居,是民国时期具有代表性的单进四合院,曾是张姓商人的私宅。大门装饰细腻,门面上有贴金木雕。

徐永昌公馆位于精营东边街32号,也是民国时期四合院的典型代表。

一个太原
两种梦境
千种解读
万般风情

发育充分的饮食文化是一个国家、一个地区历史是否足够悠久的重要标识。饭店门口写的"早餐头脑"四个字,总是让外地游客大吃一惊;名小吃灌肠居然是纯素食……吃过食品街,听过莲花落,才算真正到了太原。

即使第一次逛太原府城,迷路的事也不常发生,街巷多为东西、南北走向,横平竖直,很好辨认。虽然建筑更迭,但传统街巷格局保存完整。保存完好的有钟楼街、侯家巷、小北门街、校场巷等。"丁字街"设计更是独具特色。有关丁字街的传说很多,主要有三:一是宋朝皇帝出于对太原"龙兴之地"的恐惧,取"钉""丁"同音,将府城内街巷建为丁字形,以防真龙天子再世;二是丁字街有利于军事防御;三是抵御风沙之说。无论哪种说法,丁字街都是一种有趣的城市规划理念,**在中国古代道路格局中仅此一例。**

太原府城的最后一站,一定要选在拱极门。

拱极门为明太原府城八座城门楼之一,也是现存的唯一一座,位于府城东北隅,始建于1376年。所谓拱极,乃拱卫北极星。2003年,太原建城2500周年之际,拱极门城墙遗址得以全面修复。

拂去蒙在城市肌理上的迷惑烟尘,才能看到太原府城的墙垣砖瓦在黄昏时散发出远古的气息,荣枯的草木为它染上过去岁月的色彩。

太原府城就是这样一处古代与现代交混的区域。欢迎您走近它,感受它的沧桑变化,眺望它的美好未来。

■ 黄海波

钟楼街：
千载繁华过，百年闹市回

　　太原的钟楼街独一无二，因为它不仅是一条文化街道，更是代表太原百年商业辉煌历史的地标。

　　这条历史悠久的老街巷，承载了一代又一代老太原人的回忆，更成为太原人对商业繁华的注解。

　　过去的100年，太原的钟楼街是行商坐贾发财地，而今的钟楼街，是流行时尚的代名词。

千年老街

　　钟楼街是太原城最古老的街道之一，早在北宋时就是太原城内的主要道路，叫东门正街。它西连太原的城中城——子城，向东直通太原府城的东门朝曦门。

　　明朝洪武年间，在向东、北两个方向大规模扩建太原府城后，东门正街由之前的位于东城变成了位于府城的西南，并在街道东端路南建了钟楼，于是将东段改名为钟楼底街，中段因为有按察司，命名为按司街，西段则将子城拆除后向西延伸，名为东羊市街。

　　钟楼街真正得名始于明代中叶。

　　据载，太原钟楼建于明代，明中叶曾在傅山的祖父傅霖的倡导下集资重修。

　　钟楼，分台基和楼阁两个部分，上部楼阁高三层五丈，重檐宏甍，椽拱飞扬，十字结顶。楼阁中高悬巨钟一口，高达丈余，重千余斤。

　　当时钟楼玲珑娟秀，鼓楼巍峨雄浑，二楼毗邻而存，每逢清晨日暮报时，钟鼓之声，互为条件，珠联璧合，声响远传，达10余里，是全城士民的计时依托。

　　随着时间的推移，长期的使用和年久失修使钟楼颓废残败，遂被拆除，踪迹全无。

　　但是，钟楼虽已不再，钟楼街却日益兴旺起来。

百年商市

　　据历史文献记载，明末清初的钟楼街、按司街、东羊市街、柳巷已逐渐发展成为三晋大地的重要商业街道，尤其是在公元1907年正太铁路建成通车后，由于交通便

吾侪更上游，
盛世今重现，
巷饮酒才稠。
风轻歌永夜，
繁华百业修。
闹市人家好，
月挂大钟楼。
千年汾水畔，

利，京、津、汉、穗、沪的商贾纷至沓来，致使钟楼街日趋繁荣昌盛。

居于钟楼街的名刹宝梵、佛寺禅林"开化寺""大钟寺"也纷纷被晋商"相中"，认为这是一块发财致富的"风水宝地"。经过改造、修缮后，这两座当时已经破败不堪的寺院成了经商的场所，没过多久这个区域便成为钟楼街上最早的商业集中区域。

民国初年，大钟寺、开化寺先后被改为市场，称大中市、开化市。此后，各知名商业字号也纷至沓来，钟楼街更为繁荣。经过不断地积累发展，形成了包括商业、饮食业、服务业、文化娱乐业等内容丰富、全省闻名的商业繁华地区。

据记载，从民国初年开始，先后在钟楼街、按司街开业的有义升厚绸缎店(1912年)、

晓梦越重楼。
龙城风气厚,
新人握胜筹。
老店修商脉,
百载写春秋。
千年歌巷陌,
晨光沐并州。
开埠钟声远,

大中市场(1912年)、共和市场(1913年), 1914年开业的绸缎庄有益大、广盛德、宏康、复聚兴、协义生、同心茂、泰和昌、宏顺德等。津货业有明华利、万顺泰、广兴裕、燕燕商行、义和享、蔚泰昌。亨得利眼镜行于1917年开业。乾和祥茶庄于1918年开业。1920年扩建共和市场,命名为开化市场。1927年,老香村食品店开业。1934年,太原土货产销合作商行开业(简称土货商场)。1935年,钟楼街、按司街、东西羊市的店铺共达103家,一时间,太原钟楼街成为与北京大栅栏齐名的商业街区。

1956年,上海中华路鸿运楼酒菜馆搬迁至太原,在同仁医院旧址基础上,改建"上海饭店"。上海饭店为仿明代建筑,古典楼阁,烹制香酥鸡、于烧鱼、咕老肉、蟹壳黄等拿手南味名菜,如今犹存,饮誉三晋。

1980年,钟楼街、按司街、东羊市合并为钟楼街。按司街得名于山西省提刑按察使司署衙,是明清两代山西最高执法机关的所在地,而东羊市早年则为畜羊的交易集市。

进一步扩展后的钟楼三街,便形成了以"大钟寺"(大中市)和"开化寺"(开化市)为中心的商业格局。

钟楼街,长不过六七百米,宽仅10余米。但在这100多年里,它不仅成为太原各大商家的必争之地,更承载了太原乃至山西商业物流的重任。

盛世梦回

钟楼街一带在明清时期曾建有多座寺庙,最为知名的有开化寺、大中寺、泰山庙等,精明的商人抓住商机,将它们改造为市场,取名开化市、大中市、二市场。除此之外,这条街道还汇聚了开明照相馆、老香村、老鼠窟、复义兴、书业诚、恒生久、华泰厚、亨得利等一批著名商号和大量的中小商户,使钟楼街成为太原最具人间烟火的商圈。

钟楼街和这条街上的老字号,便利了一座城的生活,丰富了几代人的记忆,整整一个世纪,太原人说逛街购物,十有八九是去钟楼街。

2020年4月,太原市钟楼街片区改造正式启动,此次改造,钟楼街片区围绕"千年商脉、钟鸣并州,三晋文化与现代消费融合的特色国际名街"的目标定位,重塑城市记忆、恢复街道肌理、传承历史文脉、体现时代风貌,打造太原老城区的会客厅和历史文化名城新名片。

2021年9月19日,钟楼街开街。两日内,每日人流量近25万人次,整个柳巷商业区人流量达到40万人次。整个钟楼街片区共改造了24条街巷,其中重点打造靴巷、帽儿巷等12条步行街,钟楼街自然是绝对的主角。最终的步行系统总长达到1500米,结束了太原没有商业步行街的历史。

老街迎来新生,传统撞上新潮。钟楼街在还原明清时期建筑形态的同时,引入了许多潮流品牌与体验型的业态,在规划落位中尝试品牌文化兼容并蓄、传统老字号的全新升级、年轻潮玩与古老建筑的灵感碰撞,穿越千年的清脆声音,如时光回响一般,轻颂着重逢。

■ 文斐

革命思想摇篮
薪火传承阵地

100多年前
晚清政府的统治风雨飘摇
辛亥革命的烈火正熊熊燃烧
马克思主义
在中华大地孕育着勃勃生机
那时候的太原
进步思想破土而出,发展壮大
那几所百年名校中
活跃着无数星光熠熠的身影
走出了无数前赴后继的仁人志士
如暗夜的灯塔,如黎明的曙光
永恒的故事至今传唱
让我们走进府城
回味当时
山西大学堂、省立第一中学
成成中学、进山中学
……

山西大学堂

山西大学堂

岑春煊

山西大学堂

位于迎泽区侯家巷9号的山西大学堂，其外立面形状为"山"，内部楼体结构为"西"，风格独特典型，是太原府城游的重要节点。

清末，时任山西巡抚岑春煊为广西西林县人，是当时有名的政治家，在中国近代教育史上有着突出贡献。他与张之洞、袁世凯等人掀起了废科举、兴新学的活动，先后主持兴建了山西大学堂、四川高等学堂、两广学务处、广东将弁学堂、两广新军军医学堂、广东陆军测绘学堂、广西高等学堂等十多所西式学堂。

1902年，岑春煊以"方今士习浮嚣，危言日出，全赖昌明正学，救弊扶颠"为念，与英国传教士李提摩太利用庚子赔款创建山西大学堂，这是全国继京师大学堂（今北京大学）、北洋大学堂（今天津大学）之后的第三所大学，也是全国内陆省份第一所现代化的大学。山西大学堂成立后，借鉴西方近代大学教育，培养了一大批优秀人才，被誉为"亚洲最好的大学之一"。陶行知、蔡元培、黄炎培、蒋梦麟、徐志摩、周作人等名人都光顾过这里，使山西成为当时全国教育的"模范省"。

1912年9月19日，孙中山曾在大礼堂作《谋建设需扫除旧思想》的讲演。1919年10月10日，胡适陪同美国教育家、哲学家杜威来太原，杜威作《品格之养成为教育之无上

今天位于文瀛公园的省立一中旧址

中共太原支部旧址

彭真生平暨中共太原支部旧址
纪念馆内中共太原支部的创始人暨简介

目的》（胡适口译）、胡适作《娘子关外的新潮流》的讲演；杜威于13日再次应邀作《高等教育之任务》的讲演。1937年9月20日，第二战区民族革命战争战地总动员委员会在此召开成立大会，周恩来、彭德怀等中共代表应邀出席，周恩来还在此作了重要讲话。

山西大学堂创办期间，先后共毕业学生568人，其中，中斋255人，西斋313人，其间出国深造110人。这些毕业生，不仅为发展山西的文化教育事业培养了一批人才，而且还为山西的工矿企业造就了一批人才，更重要的是山西大学堂的学生，在反帝反封建的斗争中，始终站在运动前列，为山西乃至全国革命事业做出了巨大贡献。

山西省立第一中学

1906年，山西公立中学堂在太原海子边的文瀛湖畔创办，1913年更名为山西省立第一中学校。作为全省规模最大的中学，许多人在此接受马列主义启蒙教育，走上了革命的道路。

1919年8月，省立一中进步青年王振翼等在高君宇的帮助下，创办并主编《平民》周刊，编辑部就设在省立一中。这是山西第一份传播马克思主义的进步刊物。

1921年5月，高君宇回到母校，与贺昌、王振翼等发起成立了以"唤醒劳工，改造社会"为宗旨的太原社会主义青年团。1924年夏，受李大钊委派，高君宇秘密住进省立一中"青年学会"，并在一中组建了太原第一个党小组，后报上级批准建立了中共太原支部。这是山西建立的第一个党组织。

也正是在这所以校规森严、秩序良好著称的模范学校里，贺昌开始接受马列主义启蒙教育，立下了"应社会之要求，做中坚

成成中学师生抗日游击队纪念碑

大青山英雄纪念碑

之人物"的宏伟志向,走上了革命的道路。

1922年,彭真考入山西省立第一中学,寻求救国救民的道路,参加进步组织"青年学会",接受了马克思主义思想,走上了革命道路。

1924年,在五四新文化运动的影响下,先进知识分子秉持"教育救国"理念,兴起办学热潮。当年7月,北京师范大学山西籍校友取《中庸·自成》中"成己成物"之意,以"成己成人"为校训,在太原创办了一所私立中学,成成中学由此诞生。

伴随着一批共产党员教师陆续来到学校任教,革命工作如火如荼展开。他们在普及科学知识的同时,传播进步思想,引导大批青年走上爱国救亡道路。

成成中学

1937年"七七事变"爆发后,日军全面侵华,八路军东渡黄河参加抗战,中共中央北方局、八路军驻晋办事处、中共山西省工委三大机关进驻成成中学。周恩来、刘少奇、朱德、邓小平、彭德怀、贺龙、徐向前、杨尚昆、彭真等老一辈革命家都在校园留下了工作、生活的足迹。当时的成成中学,已成为中国共产党在华北抗日前线的指挥部。

1937年10月10日,经周恩来批准,成成中学成立师生抗日义勇队;后改编为成成中学师生抗日游击队;之后又改编为第二战区民族革命战争战地总动员委员会抗日游击第四支队,与八路军第120师并肩作战。

1938年,党中央作出了建立大青山抗日游击根据地的战略决策,并组建八路军大青山支队。随后,四支队与八路军大青山支队一同北上挺进绥远。1941年,游击第四支队正式改编为八路军大青山骑兵支队独立营。

在大青山七年艰苦卓绝的斗争中,师生们的足迹踏遍了大青山抗日根据地绥中、绥西、绥南和绥东的土地。抗日战争期

进山中学校史馆　　　　省立进山中学校门

间,成成中学师生共参加大小战斗300余次,毙伤敌人1500余人,把他们的热血洒在了内蒙古的大青山,洒在了他们开创大青山抗日根据地的斗争中。

现在的成成中学校园内,耸立着一座醒目的纪念碑——成成中学师生抗日游击队纪念碑。在成成中学校史馆,一幅幅图片记录了成成中学往昔的峥嵘岁月,记载着那些血沃大青山师生的壮举。

进山中学

1922年,进山中学创建。"进山"二字源于《论语》,取"譬如为山"的"山","进吾往也"的"进",合而有"前进登高"之意。当时进山中学的教职员工中,有很多共产党人和民主进步人士,在这些教员的启蒙教育下,有许多学生迅速觉悟,走上革命道路。

其最早的代表人物是该校学生纪廷梓,他早在1924年就和傅懋恭(彭真)等人一起组建了中共太原地区第一个支部,次年即在进山中学成立了党支部。抗战时期,该校大批师生奔赴解放区。更为可歌可泣的是,太原解放前夕,为解放军暗送城防情报的进山中学师生前仆后继,有八人牺牲在敌人的枪口下(史称"八君子"),用他们的鲜血和生命谱写了一曲悲壮的凯歌。

民主革命时期,在上马街的进山中学里,乔亚、徐惠云等数十名师生,为了党和人民的解放事业,在与敌人进行公开的和隐蔽的斗争中,抛头颅洒热血,死而后已,用鲜血和生命铸造了上马街的英雄风范和进山中学的光荣传统。

在新中国成立前的27年中,进山中学培养出大批共产党人和革命者,诸如何雁秋、邓初民、池必卿、纪廷梓、程子华、裴丽生等等。他们为我国的民主革命和社会主义革命事业做出了卓越的贡献,留下了可歌可泣的壮丽诗篇。

■ 本文由迎泽区融媒体中心提供

纯阳宫：
全真教与纯阳帝君

站在太原地标建筑五一广场，向西北方向望去，在车水马龙的街道旁，于丛林环抱中，一处古老的建筑显得格外宁静超然。围墙后一棵10余米高的古槐，像一位隐居在此的侠者，守护着纯阳宫。

山门红墙绿瓦，两只铜狮分立左右，拱门上方以蓝色为底的牌匾上写有"纯阳宫"三个金灿灿的大字。在其东侧墙上，有一块不大的方形牌匾，上书"山西省艺术博物馆"。

"纯阳"，吕洞宾之号，"宫"为祀奉神仙的宫殿。

纯阳宫是全国重点文物保护单位，是一座集庙宇、园林风格为一体的古建筑。纯阳宫始建于元代，明代万历年间（1573年—1620年）重修。该建筑群为五进院落，院内亭台楼阁样样皆有，石雕、木雕、铜雕比比皆是，而石碑更是有上百通。吕祖殿、回廊亭、灵宝洞、玉皇阁（巍阁）、砖券窑洞、关公亭等建筑，沿着中轴线分布于五进院落内。这些古建筑中，最为壮观的建筑物是位于院落中央，有着400多年历史的纯阳宫主殿吕祖殿。吕祖殿内，供奉吕祖洞宾像。

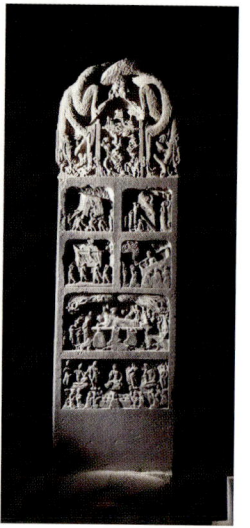

吕洞宾是八仙之一，神话故事不胜枚举。
他还有一个十分霸气的名字，纯阳帝君。
纯阳帝君在道教的历史中，有着很重要的地位
——"太上玄门正宗"全真教祖师。

2015年12月,网上一则"纯阳宫假山上惊现丘处机弟子石棺"的信息吸引了大众眼球,各家媒体纷纷前往纯阳宫了解此事。位于纯阳宫第一进院落里,太湖石堆砌而成的假山,成了游客关注的焦点。后来人们证实,所谓宋德方真棺,是后人在其去世50年后,为纪念他而建的衣冠冢。不过,全真教披云真人宋德方的名字进入人们视野。

金元之际,全真教大兴。元初,丘处机(号长春子)统领全真教,由于丘处机曾经在蒙古西征时觐见成吉思汗,东归后,全真教与蒙元统治者采取合作的态度,一时士庶道侣云集,其传播态势更加强劲。一直到元宪宗五年(1255年),李志常与少林辩论,第二年,僧道再次辩论,道教败北,在此之后,全真教开始由盛而衰。

在全真教大盛的几十年中,道观在山西广泛修建,其中贡献最大的是丘处机的两个弟子,其一为宋德方,他开凿龙山石窟,编撰《玄都宝藏》,据《玄都至道披云真人宋天师祠堂碑铭并引》载,宋德方"自燕齐及秦晋"修建了超过100处道教宫观,仅在山西就有十多处,最重要的是作为全真道三大祖庭之一的芮城永乐宫。其二为潘德冲,他主持了平遥太平兴国观、芮城纯阳万寿宫、九峰山纯阳上宫的兴建。

太原纯阳宫,在元代名为玄都万寿宫。一般以为,纯阳宫的修建者正是宋德方。宋德方曾经追随丘处机觐见成吉思汗,归来后居住在燕京(今北京)之长春宫,1232年,宋德方应河东行省胡天禄之请前往山西主持平阳醮事。途经"太原西山,得古昊天观",开凿了龙山道教石窟。虽然我们没有直接的证据证明纯阳宫的开创者是宋德方,不过可以肯定的是,就在龙山石窟开凿的日子里,纯阳宫与全真教和宋德方产生了某种关系。

■ 潘琳

藏身小巷的大关帝庙

在太原市迎泽区有一条名为庙前街的小巷，这条小巷因坐落于巷子内的大关帝庙而得名。当朋友说起庙前街有这么一座大关帝庙时，我不以为然。众所周知，关羽是武圣人，出生于山西省运城市。在山西各地有很多关帝庙，太原同样也有很多。这座大关帝庙难道还有什么特殊之处？

看大关帝庙的资料，发现为金元基址上的明代建筑，不但是国家级文物保护单位，还是太原规模最大、形制最完整的关帝庙建筑群。真没想到，小巷内还藏着这样一座古庙，心里便有了想去看看的冲动。

　　庙前街是一条长200多米,宽仅8米的小街巷。站在庙前街向北望,街道尽头便是古槐绿柳掩映中的大关帝庙。午后的阳光透过树叶间缝隙洒在灰色砖墙、蓝色琉璃瓦顶的山门上,形成不断变换的斑驳光影,令人感觉这座古庙分外深沉幽静。没想到,这里竟然是一个闹中取静所在。

　　山门左右两侧的木柱上,挂有蓝底金字的楹联,远远看去十分醒目。上联是"行义常昭为圣为神名垂万古",下联是"天心可协允文允武威镇八方"。门檐牌匾上写有"万世人极"四个大字。短短20多个字,道尽了世人对关公的无限追慕。

迈入院内,一座飞翅凌空、气势峥嵘的大殿映入眼帘。大关帝庙主殿崇宁殿供奉着帝王装的关公坐像。

崇宁殿后为春秋楼,里面有关公戎装像,以及关羽夜读《春秋》的坐像。与关公雕像相比,两座建筑里的精美壁画更引人注目。这些壁画色彩饱满,线条流畅,人物生动传神,讲述关羽英明神武的一生。

站在春秋楼二楼向下看去,整个大关帝庙尽收眼底。崇宁殿和春秋楼位于整个关帝庙的中轴线上,而庙内两侧分别为碑廊、厢房、围楼,以及东西别院。

这座庙宇已经在此屹立数百年，这里的一殿一宇，一牌一坊，一砖一石，无不长满历史的苍苔。

大关帝庙的来历，还有一段传说。相传，宋太宗毁掉晋阳城后，担心辽兵南侵，便派大将潘美重建太原城。潘美在重建太原城过程中，不知何故，东南北三面城墙都很快筑成，唯有西城墙屡建屡崩，塌毁多次。为此，宋军将领一筹莫展。没想到，关羽云中显圣，跨乘赤兔循西环绕，然后指其马迹曰："缘此马迹筑版，城可成矣。"言毕不知所踪。士兵、工匠立刻沿着马迹重新兴土动工，果然事半功倍，工程迅速告竣，并再无崩塌。太原城告竣后，人们为了感谢以及纪念关圣帝君的点化，遂在城内建了这座大关帝庙。

大关帝庙建成后，也曾遭受战火摧残，但战争过后又得到重建，现存建筑便是明代遗迹。

据说，一年中，大关帝庙最为热闹的要属每年农历五月十三。这个日子十分特殊，是我国传统的关公磨刀日。

舞狮表演、鸣钟击鼓、上香磨刀、恭读祭文……每年这时，大关帝庙一改往日宁静，变得异常热闹。如果这个时候到大关帝庙一游，想必能够更为全面地感受关公文化。

离开时，回望这座古朴庙宇，内心少了几许浮躁，多了一抹清欢。

■ 子语非

清真古寺／建筑结构很独特

太原有很多历史悠久的寺庙,在这些寺庙中,有一座寺庙十分特殊。这座寺庙就是位于解放路的国宝级文物古建清真古寺。

来到清真古寺,映入眼帘的是一座年代久远的木构牌楼。牌楼的大门为绿色,看着令人感到舒适自然。门框上方的匾额写有"清真古寺"四个大字,蓝底金字格外醒目。

迈步进入门内,门后是一条小巷道。巷子尽头是一幢建筑的外墙,灰色的墙上装饰着绿底黄色图文的圆形图案。

从巷道旁的侧门进入,便是这座清真古寺的院子。

清真古寺为二进院,有东西两门。原本东门为正门,由于西门对着宽阔繁华的解放路,久而久之便成了正门。

站在这座古老的寺庙内环顾四周,院子不大,建筑布局很紧凑。院内由大殿(礼拜殿)、讲堂(讲经堂)、水房(沐浴室)、省心楼等建筑构成。其

中,大殿和省心楼为寺庙主要建筑。

仔细观察这些古建筑会发现,与其他寺庙大殿坐北朝南的建筑风格不同,此处的大殿是坐西朝东。询问之下才明白,原来大殿坐西朝东,是为了保证穆斯林礼拜时朝向麦加克尔白,也就是"天房"的方向。

由于院子较窄,看不清大殿的规模,进入殿内才惊讶地发现,殿内空间很大。从大殿的外观上看,与中国传统古建区别不大,但里面的陈设和装饰却大相径庭。

佛教和道教的古建筑在装饰上多使用龙凤及各种走兽,清真古寺的装饰不用动物形纹,而是使用卷草、花卉等植物。整体装饰风格融合了阿拉伯建筑风格和中国传统工艺手法,可谓"中西合璧",让人眼前一亮。更为突出的是,殿内没有壁画和塑像,也不烧香、摆供,只有刻在柱子和木壁上的经文,以及铺在地上供人跪坐的绿色地毯。

清真古寺内除了大殿外,要数省心楼最为引人注目。

省心楼为两层建筑,是教民们忏悔的地方,也是院子里最高的建筑物。它面对东门入口,耸立于庭院中央。楼内有明代著名学者方孝孺的题匾"声吟不及清"。

省心楼的西北、西南两侧，有两处六角亭，亭内立有石碑。北亭石碑立于清康熙三十三年（1694年），碑面刻文为康熙皇帝诏谕。南亭石碑立于清同治七年（1868年），正面镌刻明代洪武皇帝对回教的百字御赞文，背面刻有北宋黄庭坚、元代赵子昂等书法家题词。

■ 郭晓华

崇善寺：
这里藏着隋炀帝行宫

早听人说过，太原有一座千年古刹名为崇善寺，相传曾是隋炀帝巡幸太原时的行宫，还有传说它是武则天少时出家的旧址。近日，偶有空暇，前往这座古寺探寻一番，没想到收获了不少惊喜。

太原的古建筑似乎都很低调，深藏在小巷内，崇善寺就是其中之一。

崇善寺位于迎泽区狄梁公街，紧邻山西考古博物馆（太原文庙）。穿过狭长的狄梁公街，往路东看去，有一个小巷道。巷道内拦着一堵红墙，穿过红墙的拱门，古朴宏丽的崇善寺赫然出现在眼前。

崇善寺山门的布局与

其他寺庙相同，左右两侧为钟楼和鼓楼，中间为一大两小三个拱门。中间最大的拱门上方，悬挂一块蓝底金字的牌匾，上书"大悲胜境"四个大字，显得格外醒目。

在山门前左右两侧，各有一尊一人高的大铁狮。两尊铁狮形态各异，造型逼真，雄壮威猛，令人赞叹。很难想象，这两尊雕像铸于明洪武二十四年（1391年），屹立此处已经600余年。

"叮—当""叮叮—当",正当我感叹于古时匠人的精湛技艺时,耳边传来清脆悦耳的风铃声。循声望去,只见悬挂于山门飞檐下的风铃,随着微风轻轻摇摆,似乎在向来人诉说着古寺的前世今生。

崇善寺创建于唐代,初名白马寺,后改延寿寺、宗善寺,明代又改崇善寺。明洪武十四年(1381年),朱元璋三子晋王为纪念其母孝慈高皇后马氏,就该寺旧址进行扩建。清同治三年(1864年)一场大火,寺内主要建筑均被焚毁,现崇善寺只占原有建筑的四十六分之一。

虽然资料记载崇善寺创建于唐代,但相传在隋朝,这里就曾是隋炀帝巡幸太原时的行宫。历史上,在大业十一年(615年),隋炀帝确实曾巡幸晋阳。可以想象,好大喜功的隋炀帝,当时率文武百官、嫔妃侍从出行时的盛大场面。

迈步走入院内，院子中央是气势宏伟的大悲殿。这座大悲殿几乎占了整个院子的大半，距今有600多年历史，是中国现存最完整、最标准的明初木构建筑，为国家级重点文物保护单位。

大殿前，东西两侧各有一座小亭。东面小亭悬挂着一口造型古朴的大钟，西面亭内放置一面大鼓。两座亭子旁，各有一座玻璃柜，玻璃柜里的灯，名为七层莲花八宝灯，总共有108盏。

大殿东侧有一个小院，院内有一栋红色的二层建筑。这栋楼名为伽蓝殿，里面供有关公塑像，两厢绘制着关公"过五关斩六将"的壁画。

听着木鱼声和诵经声，看着游人闭着眼向佛像默默述说内心愿望，我微闭双目，双手合十，用心感受古寺沧桑。

■ 多宝

六百年沧桑一叹
——太原皇庙待重生

俗话说，酒香不怕巷子深。在太原五一广场附近有一条名为万寿宫的小巷子，巷子内的明朝皇庙(又称万寿宫)，虽然正在修缮之中，却挡不住游人的热情。不少游人询问施工方，这座皇庙什么时候能够建成并对外开放。

其实，说起这座皇庙，很多太原本地人也不清楚它的来历。这座皇庙不但藏于巷陌深处，而且还长期被当作工厂，因此不被人所熟知。直到工厂搬出，政府开始大力修复，这座历史悠久的皇家庙宇才重新回归大众视野。

当我慕名来到这座皇庙时，眼前是一派热火朝天的施工景象。穿过泥泞小巷，首先看到的是一处古朴的照壁。

照壁宽20多米，高五六米，远远看去，其规模和造型与大同九龙壁十分相似，能看出往日的恢宏气势。只是黄色琉璃筒瓦顶下的墙壁上，没有金碧辉煌、跃然壁上的九龙，而是参差不齐、饱经风霜的青砖。

从照壁中央的圆形凹槽可以看出，照壁上曾经有过浮雕装饰，只是年代久远，失去了踪影。不过令人眼前一亮的是，在照壁的四个边角上，竟然还留存着三角形的黄色龙形浮雕装饰构件。仅从这一点就可以看出，这座照壁的不一般。众所周知，我国古代社会等级森严，黄色和龙的图形只有皇家才能使用。

照壁的正对面是宫门。宫门所用材料与照壁相仿，顶部均为黄色琉璃筒瓦歇山顶建筑，墙面同样为斑驳残破的青砖。宫门由三个拱门组成，拱门券口贴有黄色琉璃。由于宫门正在修葺当中，外面搭建了施工脚手架，因此看着不太清楚，总有一种犹抱琵琶半遮面的感觉，看不清宫门的全貌。

从宫门旁绕到院子里，然后环顾四周，主体建筑大多已修好。视线越过围挡，可以看到修葺一新的古建房顶。黄色琉璃瓦的屋顶，在阳光的照耀下，金灿灿的一片，十分耀眼。"仙人骑凤"和五个小兽为古建筑增添美感，使其更加雄伟壮观，富丽堂皇。

据资料介绍，皇庙大致建于明代晋王就藩太原前，距今600余年。因为清朝礼制中凡供奉皇帝万岁牌的生祠均称为万寿宫，所以皇庙也叫万寿宫。

这座皇庙为宫殿式建筑，三重院落，共43间宫宇，按七组排列，中轴线三组，东西各两组。各建筑之间，地面宽广，便于大型的祭奠活动。值得一提的是，我国现存皇庙建制仅存太原这一孤例。

皇庙命运多舛，经历了沧桑变迁。民国时期，皇庙曾被改称昭义祠。后又改为关岳庙，供奉关羽、岳飞，称作武庙。新中国成立后，皇庙一度被作为学校和厂房使用。近几年，皇庙得到政府部门的重新修缮。

■ 郭瑜

阎锡山的钱袋子：晋绥铁路银行

说起太原的食品街，人们首先会想起鳞次栉比、古色古香的美食店。但如果到食品街游览时，就会发现，在这些仿古建筑中，有一座古朴精致的西式建筑显得十分突出。这座西式建筑就是晋绥铁路银行旧址。

它两层高，灰色砖墙，坐西向东，墙边檐角均有装饰，占地三四百平方米。很难想象，这座看上去并不算壮观的建筑物会是民国时期山西省重要的地方银行之一，也是阎锡山的"钱袋子"。

晋绥铁路银行，又名晋绥地方铁路银号。这座建筑始建于1911年，1934年被阎锡山征用。关于这家银行的历史，《太原市志》第20卷有关票号的章节里是这样记载的：

晋绥地方铁路银号于民国二十三年（1934年）7月成立，为官办银号。资本50万元，直属于山西省公营事业董事会，总号设于太原。其特种经营范围有：办理晋绥两省地方所有铁路的金库；办理晋绥两省地方所有铁路的特别会计；办理晋绥两省地方所有铁路的储蓄及出纳款项；筹集和经理铁路公债；调剂晋绥两省地方所有铁路金融事业；办理仓库抵押；发售晋绥地方铁路期票。民国二十六年（1937年）11月，太原被日军占领前夕，铁路银号撤往运城。抗战胜利后，铁路银号回到太原复业，资本定为82000元（法币），经理曲宪南。

其实，晋绥地方铁路银号是阎锡山众多"钱袋子"之一。阎锡山视山西为禁脔，绝不容他人染指。他大力发展山西经济，以增强自己的实力。为建设军队，阎锡山花钱如流水。同时他还时刻警惕宋子文和孔祥熙所控制的三大银行对山西金融的渗透。

为此，阎锡山先后筹建了山西省银行、绥西垦业银号、晋绥地方铁路银号、晋北盐业银号等金融机构，并发行纸币，形成独立的金融体系，其总资产达到2亿银圆。阎锡山的金融政策，使得国民政府的银行在山西的发展举步维艰。晋绥地方铁路银号曾经红极一时，它两次发行的纸币达到600万元。

由于超量发行以及日本入侵等原因，晋绥地方铁路银号和其他银号一样，难逃衰败倒闭的命运。由于其发行的纸币变成了废纸，使得山西百姓蒙受了巨大的损失。

1949年，随着太原解放，晋绥地方铁路银号也渐渐消失在历史尘埃中，只留下一栋历史建筑矗立在帽儿巷（又称食品街）。现在，晋绥铁路银行旧址已经成为太原市文物保护单位。

耐人寻味的是，新中国成立前贬得一文不值，连上厕所都不用的晋绥地方铁路银号纸币，在多年后以藏品的身份再次回归，其价值远远超过面额本身。

■ 潘琳

三生三世省立一中

明清时期，每到秋闱乡试的日子，今文瀛湖南岸山西贡院的牌楼下便熙熙攘攘，热闹非常。一个个寒窗苦读十余载的秀才们，抖擞精神，提着装有文房四宝的考篮，迈步向贡院走去，挑战他们人生的第二大考——乡试。

如果乡试通过，那就是举人大老爷，有了当官的资格。如果更近一步，考中进士，那就迈上了人生的快车道，距离颜如玉、黄金屋不远矣！不过，按明朝史料记载，乡试的通过率不足4%，也就是说，25个秀才里面才能诞生一个举人，可见竞争之残酷。

每到放榜时，文瀛湖畔有人春风得意、指点江山，有人凄凄惨惨、凭栏痛哭。唯有文瀛湖水静静地看着，泛不起一丝波澜。

据史料记载，山西贡院始建于明正统十年(1445年)，后经明清数次修葺扩建，建筑壮观，规模宏大。直到光绪三十二年(1906年)，随着科举废除，屹立400余年，承载了多少读书人梦想的贡院才不复往日辉煌。

1906年，山西贡院改建为公立中学堂，1913年8月更名为山西省立第一中学校，这也是山西省城官办的第一所公立中学校。

1912年，中国共产党早期领导人之一高君宇考入山西省立第一中学校。

1922年,山西省立第一中学校迎来了一位终将载入校史的学生,他在入学登记时写下了自己的名字——傅懋恭。15年后,他将自己的名字改成了彭真。

彭真是山西省共产党组织的创建人之一,后任北京第一任市委书记,是我国社会主义法制的主要奠基人。

省立一中也是山西党团组织的诞生地。

1934年8月,山西省教育厅受政府令,对省立九所中学以所在地重新命名,省立一中更名为"山西省立太原中学校"。

1953年元月,山西省教育厅确定山西省立太原中学校为省级重点中学,4月初,太原市人民政府又下发通告,原山西省立太原中学校改称"山西省太原市第五中学校"。1955年夏,位于迎泽湖东畔的青年路新校舍全部竣工,学校由上马街迁入新校址至今。

现在来到位于海子边东街的文瀛公园,已经找不到山西贡院的影子。山西省立第一中学的旧址变成了"彭真生平暨中共太原支部旧址纪念馆"。只有立在入口处,写有"山西省立第一中学"的欧式砖石牌楼,向来人诉说着此处的过往。500多年来,沧海桑田,物是人非,唯有文瀛湖碧水依旧。

■ 辰儒

承载着一代代太原人的记忆
一个个老字号
『鸿宾楼』
『乾和祥』
『恒义诚』
『认一力』
『双合成』
『益源庆』
『清和元』
『六味斋』

探秘

A Journey to Discover Taiyuan

老字号

贰

光影流转敛芳华

  刷抖音、玩自拍，一部手机可以解决一切。在如今影楼、私家摄影遍地开花，甚至也开始走向末路的年代，我们依然通过翻看过往的胶片、影像，来找回自己的童年，寻找早已离去的初恋……

90多年来，一直矗立在太原钟楼街头的开明照相馆，是老太原人颇具纪念意义的地方。一声清脆的快门，一张胶片的定格，记录下这座城市的历史变迁、时代发展和百姓生活的点滴回忆……

很难想象，过去的人一辈子可能拍不了一张照片，能到照相馆拍下自己人生最重要的瞬间，是多么值得炫耀的事。家里94岁的老奶奶至今还珍藏着自己30岁时在开明照相馆的一张老照片。那是1955年，家住在河西冶峪的老奶奶和丈夫好不容易才进城一趟，为了留个纪念，两人在开明照相馆照了一张二寸的黑白照片，那也是她人生前30年唯一的一张照片。照片右下角的"开明照相馆"五个字，是一座地标，也是一个"LOGO"。

开明照相馆位于太原市钟楼街五号，是山西省历史最悠久的老字号照相馆。照相馆前身是光明照相馆，店面有三间，主要拍摄人像。20世纪20年代末，光明照相馆被迫关停。1930年，刘启亭、芦石青接手光明照相馆，并更名为"开明"，寓意开始光明。开明照相馆较早采用洋式店面，砖木结构的建筑面阔九间，设有壁柱，入口圆券门，两侧窗户加大，具有橱窗的功能。这样的洋式店面，在当年建成开业时引起轰动。老开明创办早、设备先进、技艺较高、信誉卓著，过去相机不普及的年代，在太原人心里，"照相一定要到开明"。

如今，开明照相馆依旧坐落在钟楼街，玻璃门面除能展示各式礼服造型，路人还可看到员工忙碌的身影。这座两层现代感十足的建筑，从外观上已找不到过去的影子，只有当年的老照片还依稀记录着老字号当年的繁华。

开明照相馆对老太原人来说不仅仅是一个拍照的地方，更留住了我们生活的重要片段，每每翻起那些老照片，当初拍照时的场景就会不由自主地在脑海里浮现。

■ 金兰

舌尖甜蜜『老香村』

头脑不是"脑",灌肠不是"肠",老香村也不是"村",而是地地道道的甜品铺子。

"老香村"是一家有着90多年历史的老字号,创建于1927年,位于商业区柳巷与钟楼街交界处,前店后厂,以副食批零为主。

"老香村"的经历可谓跌宕起伏,最初是由几位能干的河北师傅一手创办的。

当时,太原有一家叫"谷香村"的商号因经营亏赔倒闭。这时已在"双合成"做了一年伙计的王庆丰、王得三、王国斌三位河北同乡,借此机会接手了"谷香村"铺面,开起了点心铺子"老香村",并请人写了新的号匾、批匾。号匾长短如一人床板状,楷书"老香村"三字,上方写着"上海"两个黑底金字。批匾比号匾略长,蓝底撒金,东批匾写着"南北果品四时槽腊",西批匾写着"洋酒罐头浙绍金腿",悬挂在店门首,以彰显店面的特色。

为招揽买卖，店掌柜亲自到天津、石家庄进货，还派人北上北平，南下汉口、上海、浙江等地，博采众家之长，不惜工本购进各种原料、辅料。自此，"老香村"在太原站稳了脚跟，一天天"吃香"起来。经营的品种由最初的70余种达到了400多种，糕点主要品种有袜底酥、鸡油饼、太师饼等。

民国十八年至二十年间，"老香村"生意最兴隆，除了经营南北各式糕点，还有香肠腊肉、五香牛肉、虾子鱼、熏鱼等，尤其是干炒瓜子、五香瓜子、五香果仁等干果类已列入晋绥土货名牌产品。

照这么看来，如今的"良品铺子""岭峥炒栗"等以专门销售零食为卖点，而"老香村"经营者在几十年前，就已经有这样先进的赚钱头脑了。

"七七事变"后，日寇占领太原城，"老香村"遭遇劫难，藏在东太堡地洞里的货品被洗劫一空。掌柜、店员纷纷外逃，掌柜王庆丰住在天津不敢回来，二掌柜王得三、三掌柜王国斌带着20多人逃至运城，最后在西安东大街453号立起新店。

日本投降后，二掌柜王得三一人返回太原，继任"老香村"掌柜。太原解放后，"老香村"继续经营。2018年10月13日，承载几代太原人记忆和情怀的"老香村"在原址重新开业。新店延续前店后厂、自产自销的模式，并希望通过未来入驻东山特色小镇项目，在保护和传承老字号基础上，扩大规模，创新产品，重现老字号光辉。

■ 金兰

六味飘香在柳巷

"六味斋"酱肉、"清和元"头脑、"益源庆"醋、"双合成"点心、"认一力"饺子、"恒义诚"元宵、"乾和祥"茶叶、"鸿宾楼"烤鸭……这一个个老字号,承载着一代代太原人的记忆。"舌尖上的太原",不得不提的就是"六味斋"的酱肉。

"杏花村里老白汾,太原城内六味斋。"不管到没到饭点儿,人们都会来这里凑热闹,排队买几根特色羊肉串或喝一碗丸子汤,再吃些豆腐卷。这家店就是太原人尽皆知的百年老店"六味斋"。真要探根源,可追溯到清乾隆年间的北京"天福号",距今已有280多年。相传慈禧太后为了能经常吃到"天福号"酱肘花,特赐给送肘花的人一块进宫腰牌,可以直接进宫,无需禀报。

1938年,当时店掌柜盛荣广为躲战乱,带着四个徒弟重回故里,在太原达达巷17号开设了"天福号"分店。后在人们常说的酸、甜、苦、辣、咸五味的基础上,着重强调了"香"味,便改名为"福记六味斋酱肘鸡鸭店",始称"六味斋"。从此,"六味斋"在太原城里扎了根,并赢得"六味压三晋,香冠美群芳"的盛誉。

如今,早年的达达巷已成为人们记忆中的名字。多年前搬至柳巷桥头街口的"六味斋"老店也重新修缮,恢复了原有特色,在大气恢宏的同时保留着古香古色风格。一方黑底金字大招牌格外出挑。三层楼外搭出两层挑檐,楼身涂成青砖灰色,檐角一串串红灯笼配合路边高柱灯,别有一番韵味。

美女来到这里,最不需要的就是减肥。夹一块酱肉放嘴里,肥不腻、瘦不柴,皮质有嚼头,是百姓餐桌上的"常客"。因其酱肉、酱肘花配方一直沿用的是当年上贡慈禧太后的配方,2008年,"六味斋"酱肉传统制作技艺被国务院确定为国家级非物质文化遗产。想象一下,这肉是280多年前的味道,是多么神奇的一件事!

今天,280多岁的"六味斋"活力依然。逢年过节,还会有缺货的现象。很多人来柳巷逛街,都会顺便买"六味斋"的熟肉带回家。现在"六味斋"已在大街小巷开了120多家店铺。

■ 魏薇

寻味"头脑"清和元

一听"头脑",大多数人估计都会愣怔几秒,这是什么意思,是某种动物的脑子,还是夸人聪明呢?而在太原,"头脑"这两个字,意味的是一道已经有近400年历史的独特美食。这道美食的出现,还要听小编娓娓道来。

头脑又叫八珍汤,精选羊肉、羊髓、酒糟、煨面、藕根、长山药、黄芪、良姜这八种食材,经过特殊工序熬制而成。头脑的出现与明末清初的山西著名思想家、书法家、医学家傅山先生有很大关系。傅山文武双全,精通医术,诗词书画精绝，是几百年也出不了一个的绝代人物，也是《七剑下天山》中傅青主的原型。傅山是大孝子，为帮老母亲调养身体，费尽心思研制出药膳"八珍汤"。在太原，最正宗的头脑在清和元。因为，傅山将"八珍汤"的秘方传给了清和元的创始人。不过，傅山也提出了条件，就是销售的每碗"八珍汤"要放三大块羊腰窝肉、一块鲜藕和一条山药，另外饭店的名字改成"清和元"。清朝和元朝是两个由少数民族建立的政权，人们喝了头脑就相当于消灭了清和元，这就是太原人常说的"头脑杂割清和元"。

清和元饭店原址在太原市桥头街与大濮府相交路口的东北三角地带，以其历史悠久、制作精良、营养丰富和风味独特的地方名吃"头脑"而誉满太原，并闻名省内外。现今，清和元已搬迁至柳巷北口附近。

您要是来吃"头脑"，直接端起大碗甩开腮帮子开吃，那可就外行了。吃"头脑"还需要一味药引子，那便是一份很咸很咸的腌韭菜。许多人很不解，可真正的老饕都知道，头脑的汤要出味，没有这份腌韭菜还真差点意思。一点咸香，使原本平淡无奇甚至有些腻口的汤汁霎时生动起来。另外，再搭配上几枚皮薄似云朵的稍梅或烤得焦香的"帽盒"，真能香掉人的下巴。

按照"头脑"的进补药用价值，每年过了白露节气，到来年春节前后，是喝"头脑"的最佳时节，而且夏天的羊肉和冬天的羊肉在口味上还是有区别的。然而太原人太"待见"这口，不光老年人喝，年轻人也喝。冬天喝，夏天喝。若是央视再拍《舌尖上的中国》，强烈推荐山西"头脑"，既是美食，又饱含历史文化，是中国人舌尖上的财富。如果从1632年算起，"头脑"已经390岁了。它的风味以及对营养的升华，形成了一种独特文化，代代传承。

魏薇

南有汤圆，北有元宵，太原人独好一口"老鼠窟"。每逢元宵节来临，钟楼街恒义诚甜食店前会排起长龙，想要买到"老鼠窟元宵"颇为费时费力。对于很多太原人，元宵节只有吃着"老鼠窟元宵"才是团圆的味道。

老鼠窟酿团圆味

太原的老字号众多，但随着时代转换，城市变迁，有的早已湮灭在历史长河中，有的几经波折，今非昔比。而恒义诚80余年来没有挪过地方，没有中断过经营，一脉相承，这样的老店着实不多。

20世纪30年代，太原松庄人申三货学得元宵制作技艺。之后，他每日挑着担子，在钟楼街一带走街串巷随煮随卖。因申三货的元宵用料实在、做工精细、馅大皮薄、雪白软糯、香甜可口，故深受百姓喜爱。之后生意日渐红火，他便把元宵摊固定于钟楼街老鼠窟巷口。

1937年，钟楼街老鼠窟巷口一家肉铺经营惨淡，便将店面转给申三货。申三货开店后，取名"恒义诚甜食店"，主营元宵，兼有麻团、凉糕等甜食，现做现卖。每逢客人带走，便在包装上附一块印有"申记元宵、老鼠窟口"的红纸。日久天长，因其紧邻老鼠窟巷口，人们将申家元宵称为"老鼠窟元宵"。

从创立之初至今，恒义诚甜食店未变更过地方。起初为平房，1966年钟楼街改造，恒义诚甜食店拆除，在原址建起二层小楼，使用至今。新中国成立后，恒义诚甜食店曾一度更名，1984年又恢复老字号招牌，但经营从未间断过。

南方的汤圆、北方的元宵，各种馅料、不同的风味唾手可得，在这里却依然能让人品尝到80多年前的地道老味道。

"老鼠窟元宵"在用料上极为讲究。过去，元宵面只选用晋祠花塔村一带的江米。后由于地下水水位下降，晋祠江米产量逐渐萎缩乃至近乎绝产，让"老鼠窟元宵"失去了食材来源，后经反复筛选，确定使用口感相近的东北江米，并坚持用石磨碾米。精于吃面的山西人都知道，与电磨相比，石磨碾出的面粉口感和味道更好。

"老鼠窟元宵"以什锦桂花味最为有名。元宵馅料讲究，所用的玫瑰、桂花在花初开之时摘回，掰下后用白糖反复搓揉腌制。取用时再加入糖粉、花生、核桃仁、芝麻、青红丝、果脯、饴糖、蜂蜜等其他配料，这样做出来的元宵在鲜甜中带有花香和果仁香，甜而不腻。

除了元宵，恒义诚甜食店的江米糕、醪糟、麻团也同样流传了80余载，是店内的特色招牌。

如今"老鼠窟元宵"已不是单纯的小吃，已成为太原传统文化符号之一，是节日的重要组成部分。

■ 小豆

一家蒸饺百家香

　　包子、蒸饺、稍梅……太原人好像格外钟情带馅的食物,无论是包子的松软,蒸饺的筋道,稍梅的干爽鲜香,都能赢得老太原的心,也成就了一个又一个的金牌老字号。

浓郁不腻、瘦而不柴、皮薄馅大、浆汁丰满,"认一力"的蒸饺好吃,是大家公认的。一口下去,饺子皮破开的那一刻,流出的不只是美味。"认一力"饺子馆1930年由回族人安良田创办。"认一力"由"认主独一,主力无穷"而来。

当时,钟楼街、柳巷一带已经有了清和元、林香斋等饭店,大多经营着鲁菜、京菜、豫菜和本地菜。身为回民的安良田发现,桥头街地处闹市,交通便利,太原本地也有不少回民,对清真食品有着不小的需求。眼光独到的他抓住时机,创办了店名为"认一力"的饺子馆,主营牛肉蒸饺,此外还经营着几十种传统的清真菜品。"认一力"蒸饺的包法十分讲究,成品要达到"皮薄、边小、馅大,呈半月形,不开口,不露馅"的标准。

1937年,日军入侵,太原沦陷。安良田一家远走西安避难,直到五年后才返回太原,操起旧业。当时物价飞涨,包括牛肉在内的不少物品被日军占为军用,一般商贾很难买到。无奈之下,安良田只得养羊,用三分牛肉、七分羊肉的比例来调制饺子馅,维持生计。

经历了连年战火和灾荒,肉类供应趋紧,"认一力"不得不调整馅料的品种,将馅料改为单纯的羊肉馅,因为有秘传的药料去膻增香,健脾助消化,而且口味不错,羊肉蒸饺也成了品牌。这一创新求变,不仅让店铺挺过了困难时期,还让"认一力"经历了战火的洗礼,迎来了新的辉煌。

随着物质的不断丰富,顾客的口味也有了变化,更青睐素食。因此,在原本清真牛羊肉的基础上,相继推出莲菜、茴香、素三鲜、香菇等素馅蒸饺。传统的特色蒸饺没有丢,新兴的素馅蒸饺又跟上来,基本可以满足不同顾客的需求。来到"认一力",如果吃蒸饺没尽兴,店里还有羊杂汤、牛肉丸子汤、牛肉馄饨、红豆粥、小米稀饭等多种选择。只要走进店门,就能保你吃到满意。

■ 金兰

百年饼艺双合成

来太原旅游的小伙伴都爱寻找老字号,它们必须够地道,还要人气高、资历老,似乎这些才是本地人的最爱。

"遛遛海子边,看看冀美莲,逛逛双合成,抽抽顺风烟。"流行在坊间的这首民谣,简洁的话语极为形象生动地描述了老太原人的四件美事。双合成,这家拥有180多年发展历史的中华老字号,曾经舌尖上的美味,正以另外的方式唤起人们对于老字号的记忆,传递着太原这座城市的变迁与魅力。

2018年8月,双合成手作点心铺一亮相太原柳巷,便引起关注。店门外青色的石砖墙显示着双合成百年老店历史的厚重,店堂内简洁明了的手绘、可爱玩偶的点缀不仅增添了几分童趣,也寓意着百年双合成焕发新生。现代感十足的灯笼饰品,线条分明的撞色封面,素雅却不失新潮,给人以一探空间的神秘。这里不仅能吃到新鲜可口的各式糕点,而且高度还原了传统点心铺子的格局,里里外外透着与众不同的气息。

"一副扁担挑百年,二人双合成事业。"1838年创建的老字号"双合成",从一根扁担起家,至今已有180多年的历史。

1912年1月,"双合成"在柳巷登记注册,陈步云出任大掌柜。优越的地理位置,加上店掌柜陈步云店规严格,管理有方,"双合成"迅速在太原蹿红。

探究"双合成"的历史,不得不提的是老字号"双合成"的镇店之宝——"晋饼之王"郭杜林月饼。晋式"郭杜林"月饼,起源于清康熙年间,2008年,郭杜林晋式月饼制作技艺入选中国国家级非物质文化遗产保护名录。

在"利从仁中取,财从信中来"的祖训指引下,双合成完成了华丽转身,发展成为"双合成+梅森凯瑟+娘家早餐"三个品牌集约发展的新式饼店。点心虽小,凝聚的却是人心。

这么一家老传统工艺的老字号,一直在太原人心中留着很重要的位置,结婚、过寿,不仅有新式甜品,还有喜饼、寿桃等传统点心,游客来到这里也会吃到很浓郁的传统味。

■ 魏薇

鸿宾楼里烤鸭肥

烤鸭不止在全聚德,还在鸿宾楼烤鸭店。听着故事品菜,别有一番意趣。

吃一只皮脆肉嫩、肥而不腻的烤鸭,咬一口香酥可口的饼子,喝一碗滋补味十足的头脑……

鸿宾楼三"宝",排第一的是烤鸭。这里的烤鸭,色泽鲜丽、光亮美观、皮脆肉嫩、肥而不腻、味美香醇。之所以说它正宗,是因为1981年经太原市政府批准成立了鸿宾楼烤鸭店,开业初期,店内便派多人到北京全聚德烤鸭店学习烤鸭技艺,并特聘该店景德风师傅来店传授技艺,因而多年来一直保持着北京烤鸭的正宗风味和特色。

将宰杀的鸭子进行制皮、挂烫、晾坯等操作,从前期准备工作到烤制出炉,一只鸭子需要经过好几个小时才能端到食客面前。

片鸭,是鸿宾楼的一项特色服务。娴熟的片鸭技术,往往会加深食客对烤鸭的印象,"看师傅们片鸭的过程,有时候比吃烤鸭还让人过瘾!"

烤鸭的制作工艺大同小异,关键在于酱料的炒制。在烤制过程中,师傅们还会切好黄瓜条、葱丝,准备好酱料以及鸭饼。

干货是鸿宾楼烤鸭店的又一宝,其实就是我们平常乐见的各式点心饼类。有擦酥半切饼、芝麻空心饼、麻酱饼、芝麻小桃酥、冰花酥、如意卷……

太原鸿宾楼烤鸭店饼屋,是该店的外卖窗口。数十种干货不仅丰富着省城市民的餐桌,也成为解放路周边居民们生活中的必需品。

切开后拥有大理石纹路的糖火烧、芝麻酱与红糖完美融合,放在嘴边还没吃就能闻到浓郁咸香味的麻酱饼,炸糕、驴打滚、椰蓉卷、开口酥、黑豆酥、枣泥饼、多拿滋、蜜雪条、芝麻糯米糕乃至酥脆香葱饼……琳琅满目的各种小吃点心,价格从几毛钱到几元钱不等,每一款都外形制作精美,口感也十分讲究,吃过后便会紧紧抓住你的味蕾。

■ 金兰

绵延醋香益源庆

提到山西,提到太原,相信很多人都会不由自主地舌根发酸,直流口水。不错,山西老陈醋与江苏镇江香醋、四川保宁醋、福建永春醋并称为我国四大名醋。

作为地道的山西人,比较了诸多口味,会发现我大中华众多品种的醋中,唯有老陈醋是酸中带甜,醇香的酸味后有回甘。在山西,老陈醋不仅分品牌,还要分年份、酸度,其划分细致程度堪比酒类。

现在的太原铜锣湾街头在明朝时有一座王府——宁化王府,王府里井水清甜,用来酿醋格外醇香。经数百年演变,这里成为一条醋香飘飘的专门酿醋的小巷,如今宁化府早已成为一个地名。说起宁化府的益源庆醋,太原市民几乎家喻户晓。从五一路下车,离宁化府百米开外,一股淡淡的醋香便翩然而至。真正置身前店后厂的宁化府益源庆,那沁人心脾的醇醇醋香更是让人不忍空手离去。

据文献考证,"益源庆"始创于1377年。明太祖朱元璋之孙、晋王朱㭎庶五子朱济焕1410年为宁化王时将其收为王府作坊。关于"益源庆"店名的由来,据新中国成立前"益源庆"最后一任掌柜兼制醋师傅张映瑀回忆,在15世纪初,古老的并州城有一狭窄的小胡同,胡同里有一家小店铺,店主领着几个小伙计以帮人磨面、酿酒、制醋为生。店主为使小店生意兴旺,特取名"益源庆"。"益"乃收益、利润,"源"为源源不断,"庆"乃庆祝之意。合起来寓意为:期望该店买卖兴隆,财源不断。在这位掌柜记忆中,20世纪20年代,"益源庆醋"在太原市已享有盛誉,是当时达官显贵馈赠亲朋的佳品,深受上流社会名人青睐,时称"官礼陈醋"。阎锡山属下八大高干及山西晋剧名流丁果仙、丁巧云府上仍常年食用"益源庆"

醋,由店伙计挑醋篓送到府上。

"打醋"是太原人腊月里一件极有仪式感的事。即便是超市、便利店随处都能买到,但为了腌制腊八蒜,一进腊月,人们还会带着自家的各式醋桶,到店里去打醋。这里依然保留着人工"打醋"的方式,看到醋桶快满,营业员轻巧地将手里的管子一折,就能止住醋流。

另外,再告诉你们一个秘密,据说在醋厂工作的员工一整年都不会感冒哦,而且在太原还有一个民间偏方,熏醋、多闻醋味来预防感冒,这点可一定要记住呦!

■ 魏薇

天津包子晋韵长

天津狗不理包子久负盛名,在太原的这家天津包子铺就是脱胎于天津。

天津包子铺有着悠久历史。早在清朝末年,河北省武清县杨村镇高贵友师傅创建"狗不理包子",以其高超的技艺摸索出三兑面的制皮方法,馅心料选用肥瘦比例适当的鲜肉,加入十几种调味料精心加工,制出的包子具有皮薄、馅嫩、有咬劲、满嘴香的特点。1935年,狗不理包子铺的师傅邢立河、邢立清、邢桂林和张润清在天津张庄大桥兴池胡同口开设福聚成天津包子铺,1953年因修地铁,迁往天津东马路东门。1956年,为响应国家支援重工业城市的号召,经有关部门批准,天津包子铺迁来太原市五一路继续经营。当年,天津包子铺的11个人(其中包括7名师傅)集体把店从

天津迁到了太原，这一待就是几十年。包子铺建立之初，规模并不大，只是一间20平方米左右的小房子。大概在20世纪70年代的时候，有人投资重建了这家包子铺，店面扩大，还把它从五一路原来的桥头街西口搬到了桥头街东口，虽是一东一西的变动，但总的位置没有变，不断有新老顾客光顾。这些年，其中的几位老师傅有的已经离世，仅剩下个别人。但是，以老带新，其秘方和手法都被传承了下来，也一直支撑店开到现在。

这里包子好吃的秘诀就在于馅和皮上。包子馅要按八两瘦肉、二两肥肉的比例配，要提前一天用调料煨好，至少要8个小时以上，这就形成了初步的干馅。等到第二天，用温度适宜的鸡汤将馅"浆"稀了，晾凉后，再放上适量的葱花、香油搅拌均匀。面，分水面、碱面、老面三种，水面就是现和的面，和面的水要温度适宜；碱面是兑上碱，夏天两天发酵、冬天四天以上发酵的面，和面的工人至少要干两年以上，全凭实际经验；老面就算自然发酵，至少也是夏天两天、冬天四天。三种面按照一定比例兑好揉匀，但怎么和面，还要看天气、看风向，夏天、冬天不一样，南风天、北风天也不一样，讲究特别多，和面的水温、水量都要视情况而定。说到擀皮，讲究边薄底厚，厚度适宜，因为馅稀，面里有老面成分，所以擀皮需特别注意，才不容易露馅，吃起来口感好。蒸包子时，要用两个锅，一锅蒸包子，一锅烧开水，蒸包子必须打开水，不能用凉水，用凉水蒸出的包子效果不好，入口感觉腻。

看厨房的师傅包包子也是一种享受，只见包子皮在手里一转一捏，转眼便妥妥放在了冒着热气的笼屉上了。包子出锅后，最好能趁热吃，轻轻一咬，流出了汤汁，浸满了肉香。天津包子铺由于道路扩建，店面也有了调整，但不变的还是那种小时候的味道。

■ 小豆

太原之趣,
乍看是大开大阖的古韵流觞,
是刻在骨子里的古朴苍凉。
然而多呆几日,
会发现太原真正所独有的,
是延伸在市井街头的烟火气息,
是粗犷外表下的细致温婉。

传奇

景点街巷

叁

A Journey to Discover Taiyuan

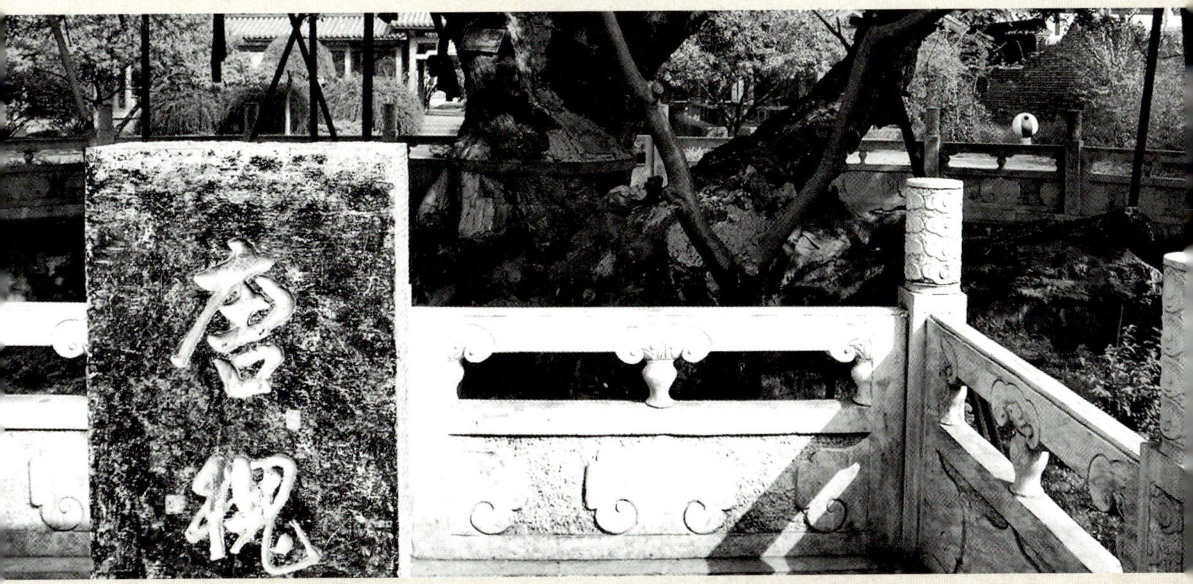

狄梁公街:从大唐神探说起

在梁冠华主演的电视版《神探狄仁杰》中,狄仁杰是一名大腹便便的中老年官员。不管遇到任何奇案,一副处变不惊、胸有成竹的模样。他那句"元芳,你怎么看"简直成了风靡网络的"神句"。

在徐克导演的《狄仁杰之通天帝国》里,狄仁杰飞檐走壁,破案如神,机智果决,丰神俊朗。

不过,当我们真正追寻狄仁杰的足迹,去了解历史上真实的他,会发现,狄仁杰既不是大理寺颜值担当的帅哥,也不是高智商官场大叔。他更不是荷兰人高罗佩笔下的东方"福尔摩斯",而是一名尽职尽责、勤于公事的大唐公务员。他的一生历经磨难,多次被谪贬,还差点死于狱中。他是一个心怀李唐天下,精忠谋国,铮铮铁骨,敢犯颜直谏的能臣、贤臣,享有"北斗之南一人而已"的赞誉。

狄仁杰,字怀英,被后世尊称为狄梁公、狄国老,并州晋阳人。在故乡太原,流传着很多狄仁杰的故事,也有不少有关的文物遗迹,"狄梁公街"便是其一。

"狄梁公街"是太原市唯一一条以古人之名命名的街道,已经有数百年的历史,是太原最为古老的街巷之一。

"狄梁公街"位于太原文庙和三晋名刹崇善寺西侧,是一条长不过两百米,宽不过七八米的小巷道。来到这条小巷,你会发现,两侧高大的红墙间,是一条光影斑驳的林荫小道。

行人穿行其间,一个个不规则的光斑犹如活物一般,在人的身上欢腾跳跃。而东侧红墙后那露出的翘曲飞檐,便是崇善寺的庙宇殿阁。

那么,这条小巷道为何被命名为狄梁公街,难道狄仁杰在此生活过,或是在这条小巷道里曾经发生过什么有关狄仁杰的传奇故事?

根据史料记载,当年的狄公祠并不在太原城,也不在今天的狄梁公街。旧祠在城南狄村,是距离太原城10里左右的狄仁杰故里。

因为狄村的狄氏后人先后迁徙,不知所处,狄公祠亦因无人祭祀、维修,逐渐颓坏。一直到明代为续祀狄公,才将狄公祠由狄村的废址上迁入城中崇善寺北端东侧,而这条林荫小道的名字便由此而来。令人扼腕的是,清同治三年(1864年),崇善寺失火,寺庙内外很多建筑物都毁于一旦,仅存最北的大悲殿院落一隅。而现在崇善寺和文庙的古建大多是之后重建的。

晨钟暮鼓中,这条静谧的小巷依偎着岁月,默默将历史沉淀。我喜欢被演绎的狄仁杰,因为他给我们带来快乐,让更多人记住了他的名字,以此机会让人们去了解真实的历史。我更喜欢历史上真实的狄仁杰,因他传奇的一生令人敬仰,他与山西历史上的其他名人一起,成为山西人的骄傲。

■ 郭晓华

晚清名臣与太原文庙

  1882年,山西巡抚张之洞尚未坐稳巡抚位置,就做了一件令山西文人士子瞠目的大事——集资盖房。这座房子规模很大,总占地面积达3万多平方米,这就是文庙。

  张之洞是谁?晚清四大名臣之一,清流派首领,洋务派的主要代表人物之一,自强学堂(武汉大学前身)的创建者。但想必很多人都不知道,张之洞曾经在山西任职近四年。如果没有张之洞,很可能就没有现在的文庙。

　　太原文庙,亦即孔庙,专为祭祀孔夫子而建。2013年3月5日,太原文庙被列为全国重点文物保护单位。文庙坐落于迎泽区狄梁公街东侧,紧临崇善寺,现为山西省考古研究院(山西考古博物馆)。

　　文庙院内绿树成荫,环境古朴幽雅,其建筑格局并没有变。和各地文庙一样,太原文庙形制仿照曲阜孔庙,为三进院。各建筑物沿中轴线由南向北依次排列为:照壁、六角亭、棂星门、大成门、大成殿、东西两庑和崇圣祠。

正如文章开头所讲,现在我们看到的文庙建筑是张之洞重建的,那么之前的文庙在哪里?

其实，太原历史上有两座文庙，都位于现在的府西街，府文庙建于金天会年间（1123年—1137年），县文庙建于金大定年间（1161年—1189年）。两座文庙相距不远。不过，这两座文庙和崇善寺如同一对难兄难弟。同治三年（1864年）的一场大火，将崇善寺六座大殿中的五座变成灰烬，只残存大悲殿和钟鼓楼。而光绪七年（1881年），汾河泛滥，河堤决口，猛烈的洪水冲破已经关闭的大南门涌入城内，半壁西城顿成泽国，满洲城、文庙以及不计其数的民宅刹那间荡然无存。

文庙是用来供奉孔圣人的所在，被大水冲毁后，太原的文人士子立刻上书请求太原知府出面重建。太原知府把众文士的联名书上呈赴任不久的巡抚张之洞，请巡抚大人定夺。

张之洞是晚清的清流代表之一，还是同治二年（1863年）的探花，从小受过严格的儒家思想教育。而当时的山西吏治腐败，人民生活困苦，鸦片流毒严重，再加上洪灾造成的财政压力，张之洞为了显示自己治理山西的决心，也为争取文人士子的支持，决定重建文庙。他没有动用官银，而是采取募捐集资的方式，在已经荒废17年的崇善寺废墟上，修建了规模更为宏大的文庙。

■ 潘琳

松庄土窑与傅山的朋友圈

太原市郝庄镇松庄村的一座土丘上,有一处破败坍塌的三孔土窑。虽然土窑已经看不出本来模样,周围的景色也没有什么出奇之处,但仍有不少游人不远千里前来,并拍照留念。

对于山西人而言,傅山可谓家喻户晓,但真正让他的名字走出山西,被全国人民所熟知的,是梁羽生的武侠作品《七剑下天山》,以及由此改编的影视剧。

《七剑下天山》开篇提到傅山:在这些人中,有一个三绺长须、面色红润、儒冠儒服的老人,和他同来的是一个俊俏美少年,说话却带着女音。这两人说来大有来头。儒冠老者名叫傅青主（傅山字青主），不但医术精妙，天下无匹，而且长于武功，在无极剑法上有精深造诣。除此之外，他还是书画名家，是明末清初的一位奇士。

事实上，梁羽生在他的多部作品中提到傅山。梁羽生为何如此青睐这个历史人物？翻阅那段历史就会发现，傅山一生具有十分传奇的色彩。

傅山，山西太原人，初名鼎臣，字青竹，后改字青主，有浊翁、观化等别名。他博学多才，是著名的道家学者，哲学、医学、佛学、诗歌、书法、绘画、金石、武术等无所不通，被认为是明末清初保持民族气节的典范人物。他与顾炎武、黄宗羲、王夫之、李颙、颜元一起被梁启超称为"清初六大师"。

傅山生活在明末清初社会极为动荡不安的年代。当大明政权轰然倒塌，文人士大夫有的以身殉国，有的投降满清，而傅山则选择高举反清复明的大旗，成为反清复明的文人代表之一。

他曾为推翻刚刚建立的清王朝，密谋策划，积蓄力量，准备起义，结果机事不密，身陷囹圄。出狱后，他没有放弃，继续为推翻清朝的统治而奔走。

之后，随着清朝的统治逐渐稳固，南明政权湮灭，傅山开始了十几年的隐居生活。相传他隐居的地方就在松庄村的这三孔土窑内。在此，傅山行医看病、专研经史、广交朋友。明末清初"三大儒"之一的顾炎武，被称为诗坛"南朱北王"的朱彝尊和王士祯，"关西夫子"李因笃等志士仁人、著名学者都拜访过傅山。一时间，这里成了当时山西学术交流的圣地。

为笼络人心，消除亡明遗老们的反清意识，康熙帝曾颁诏天下，令三品以上官员推荐"学行兼优、文词卓越之人"，"朕将亲试录用"，傅山被当地官员多次诱劝，甚至强行招往京城。傅山以73岁的高龄，绝食七日，坚持斗争，做到了始终如一，直到生命尽头。

300余年过去了，虽然先贤已作古，空留三孔窑，但他的传奇依然吸引着游人前来探访追忆。

郭晓华

五一广场：
太原人的集体记忆

随着城市发展，现今一座座公园、一条条大道不断刷新着城市的面容。可在太原人心中，始终有一座广场，是不可替代的。它承载着太原人的记忆，见证着太原的城市发展，这就是五一广场。

五一广场是太原地标建筑，位于迎泽大街和五一路的交汇处，是迎泽大街上最大的广场，也是太原市区历史最悠久的广场。它分南北两部分，占地面积8万多平方米。

南广场面积较小，大部分景点集中在北广场。北广场紧邻繁华的柳巷商圈和游人如织的文瀛公园。一年四季，广场游客不断。

五一广场的历史可追溯到500多年前,当时是明太原城的"承恩门"。"承恩门"很高大上,明朝皇帝诏书圣旨经由此门传递,而皇室贵胄也由此出入。

　　清朝中期,"承恩门"更名为"新南门",成为太原城的重要防御堡垒。辛亥革命时,山西新军由此攻入,又改名为"首义门"。

　　太原解放后,于1951年五一国际劳动节前,将被炮火摧毁难以修复的首义门拆除,清除了城门内外的莽莽野草和废墟,辟建了宽阔的广场。由于完工于五一国际劳动节之前,为纪念五一节的到来,遂取名为"五一广场",寓劳动人民当家作主之意。

　　1995年,五一广场重新改造,自此完全对外开放。由于五一广场位于迎泽大街上,又距离火车站不远,逐渐成为太原的标志性建筑。

**五一广场巨变,
首义门历史重现。
这里是辛亥革命太原首义发生地。**

　　现在,提到五一广场,太原人的脑海中会出现鸽子、雕塑和天桥的影像。是的,这三景被岁月的刻刀,镌刻在每个太原人心中。

　　由于道路改造,五一广场的鸽子已搬家,天桥变成了地下通道,那座"晋泉之声"的雕塑也搬到了晋阳湖公园。

这座雕塑以汾河流域田园风光为设计理念，呈现出一对男女背靠背坐在汾河岸边，男子手持长箫，女子手扶陶罐，身边小鹿环绕的景象，意境优美，富有诗意。它由雕塑家欧阳宁明等人于1987年创作修建，整组雕塑矗立于20米宽、50米长的水池中，是当时省城最大的声控雕塑喷泉。

这座雕塑曾经守望着五一广场30多年。不知有多少情侣在这里见证了爱情；不知有多少家庭在此团聚留念。一张照片，一个故事，一处街景……

■ 王楠

侯家巷：小巷里的大学梦

每天早上七点多，五一广场东北角狭窄的侯家巷内，人声鼎沸，异常嘈杂。小巷东头的一所小学门前，前来送孩子上学的家长几乎将小巷塞满。

家长们不停地唠叨着，"要听老师话，上课好好听讲"，而孩子们没心没肺般头也不回地朝教室方向跑去。

目不转睛地盯着孩子的小身影消失在教学楼走廊里，家长们才急匆匆赶去上班。在经过小巷内的一座古朴典雅的西式建筑物时，家长们会忍不住多看几眼。一方面是这座建筑物的造型太过特殊；另一方面是这座建筑物能引起家长们内心的共鸣，那就是大学梦。

毫不夸张地说，追寻侯家巷的历史，会惊讶地发现，这里竟然是山西文脉所在。

这一切要从500年前的明朝说起。

侯家巷，顾名思义，因在此居住的侯氏宗族人口最多。最初，这条巷子周围种满了蔬菜，侯家人也以种植蔬菜瓜果为生。嘉靖九年（1530年），山西按察副使陈讲在巷子西段北侧的菜地上创建院舍，开办了"晋阳书院"。之后，书院更名为"河汾书院"，使得这条名不见经传的小街立刻成了谈笑有鸿儒、往来无白丁的名街,侯家巷也更名为"书院街"。不过,"河汾书院"只维持了49年。

因书院批评时政,遭当道之忌,万历登基不久,采纳张居正的意见,"诏毁天下书院"。"河汾书院"在万历七年(1579年)废止停办。顺治十七年(1660年),山西巡抚白如梅在"河汾书院"故址新建院舍70余间,将万历二十一年(1593年)建的"三立书院"迁于书院街。雍正十一年(1733年),诏令各省在省会设立书院,并拨银千两作为创办经费,"三立书院"遂由地方官办变为国家创办的晋省最高书院,复名"晋阳书院"。乾隆年间,"晋阳书院"发展到鼎盛时期,书院街成为太原名震一时的地方。

光绪八年(1882年),张之洞继任山西巡抚,针对山西"士气衰微而废其学""此时唯苦人才不足"的情况,在桥头街觅屋开办"令德堂书院"。20年后,英国人李提摩太和时任山西巡抚岑春煊,利用"庚子赔款",将晋阳书院和令德堂书院合并入山西大学堂,其位置就在侯家巷。随着晋阳书院的消亡,街道名称亦重被侯家巷取代。

1918年,已经改名为山西大学的山西大学堂,被列入国立范围,称为国立第三大学。直至此时,全国公立(官立)大学只有北京大学、北洋大学和山西大学三所。之后,山西大学迁出侯家巷,并分离出了山西医科大学和太原理工大学。

如今,山西大学虽然早已搬出了侯家巷,但山西大学堂标志性的灰色西式教学楼依然耸立在原址,成为太原师范学院附属中学。这所历尽百年沧桑的建筑,直到今日依然发挥着作用。

■ 郭瑜

文瀛湖上状元桥

一方面,让孩子在公园散心,调节紧张情绪,减轻压力。另一方面,图个吉利,博个好彩头。

文瀛湖有座汉白玉石砌筑成的拱桥,名状元桥。每逢高考时节,总有家长带着即将参加高考的孩子在此散步。

相传,大唐狄仁杰在桥上游玩,偶遇一老者,赠他杏花,云:"杏花赠给状元公。"后狄仁杰状元及第。

这座桥为何被称作状元桥？明清时期，文瀛公园内现在彭真纪念馆的位置是山西贡院所在，每三年一次的乡试在这里进行。乡试一般在八月举行，故又称"秋闱"。

乡试是秀才考举人，第一名为解元。每年乡试，提前一两个月，贡院周围的酒楼客栈便已人满为患。那时，最先进的交通工具是骡马车，即使这些当时最为先进的交通工具，十几里的路程也要走好长时间，更别说遇到下雨等突发状况。为避免路上发生意外，耽误考期，各县的秀才们便早早动身前往府城太原参加考试。

在等待考试的日子里，不少考生会呼朋唤友到贡院旁的文瀛湖边闲

走。在吟诗作赋、指点江山时,相互切磋学业,并拉近关系。文瀛湖上有一座石板桥,因为秀才们走得多了,当地百姓便将这座桥称为状元桥。

明清时期的考场条件艰苦。山西贡院始建于1445年,在隆庆四年(1570年),考舍才改木板为砖石结构。考舍逼仄狭窄,只能容一人。考舍里有上下两块木板,上面木板当桌子,下面木板作椅子,晚上睡觉将两块板合拼为床。考舍无门窗,如遇雨天会漏雨。科考对卷面整洁要求严苛,但凡有污渍或墨点,就可能在首批评卷中被黜落。所以,科举考试不仅靠实力,还需要一些运气。

■ 吴瑜

太原那些"好吃"的街巷

在每个人的心里,都藏着一条老街。它像一张发黄的老照片,静静地躺在你的记忆中,有时清晰,有时模糊。它承载着你的记忆,有着你的故事,它是我们一代代人走过的路。

太原,这座历史文化名城,2500年来孕育出一条条历史感十足的老街巷。它们的名字有的阳春白雪,有的下里巴人,有的引经据典,有的简单直白。而在这些名字的背后,无不蕴藏着一段段历史故事。

在这些老街巷中,最为接地气的就属那些简单、质朴的名字,如:羊市街、炒米巷、馒头巷、茄皮巷等。从它们的名字中,我们能感受到那种浓浓的生活气息。

让我们沿着这些老街巷,感受一下古时太原普通居民的生活轨迹和这些小街巷的独特风情。

炒米巷位于开化寺街中段南侧,是一条宽6米,长70多米的小街巷。炒米巷中的炒米,并不是指现在所说的炒米饭,而是指加工食品、粮食之类的炒豆、米花,故名炒米巷。

这条小巷形成于明代，距今已有四五百年历史。从炒米巷出来，进入开化寺街，由东向西走，穿过解放路，就会看到另一条以食物命名的小街巷——馒头巷。

　　史料记载，馒头巷原称小弥陀寺街。清代为出售包子的集市，古时称包子为馒头，故称馒头巷。

　　有了主食，不能没有配菜和酱料。在这两条小巷周边还有豆芽巷、酱园巷和茄皮巷。豆芽巷地处桥头街中段南侧，这里曾是制售豆芽作坊的集中地。距离桥头街不远的柳巷北路西侧就是酱园巷所在。旧时，这条小街巷因制作面酱、酱油、酱菜的作坊集中于此而得名。而茄皮巷则位于棉花巷西口南侧。很难想象，这条巷子的名字竟然是因为这里是清代为饭店加工茄子（削皮）的场所。

有了主食和蔬菜、酱料，如果还想来几斤牛羊肉，可去羊市街和南牛肉巷。

羊市街在明清时期为买卖羊的集市，分东羊市、西羊市。清代称东羊市街、西羊市街。1958年，东羊市街并入钟楼街，西羊市街改称羊市街，习惯上仍称西羊市。

从羊市街到南牛肉巷，步行不过十几分钟，南牛肉巷在钟楼街与柴市巷交汇口附近，是以加工出售牛肉店铺集中而形成的街巷。南牛肉巷是当年回族穆斯林聚居之地，也是太原清真古寺所在。

这几条小街巷的距离都不远，一个小时可以全部走完。它们与柳巷、开化寺、海子边，共同形成了明清时期城市居民的购物圈。由此可以看出，这一区域曾是太原城的中心。直到现在，这一区域依然是太原最为繁华的区域之一。

现在再去小街巷，已经很难找到当年印记。再古老的街巷，也逃不过年轮的碾压。只有街口、巷尾，立在路边的一个个路牌，向路人诉说着这里的过往。

■ 郭晓华

开化寺：
消失于繁华街巷的千年庙宇

太原有一条十分繁华的街道，名为开化寺街。听街名，按照惯例，应该是以寺庙而得名。但只要到开化寺街上走一走，我们就会发现，这里可没有晨钟暮鼓、香火鼎盛的寺庙殿宇，而是一条彻头彻尾的商业街。那，说好的开化寺呢？

说起开化寺，真让人唏嘘不已。如果开化寺还在，那应该是一座千年古寺了。

开化寺修建于宋朝初年，寺庙占地极广，殿台楼阁林立，庙门高耸，僧舍成排，街道纵横，寺院错落有致。寺内建有高大佛塔，全称"敕建开化禅林"，高塔之上有"雁塔留名"的传说。

由于开化寺香火很旺，前来上香礼佛的人络绎不绝，位于开化寺旁的街道逐渐热闹起来，这条街就被人称为"开化坊"，也就是现在的开化寺街。

开化寺虽为寺庙，但也难免战火摧残。在金和宋的战争中，开化寺毁于战火，直到明朝才得以重建，但已难现昔日的辉煌。

明末清初，由于开化寺的僧人不善管理运作，开化寺香火难以为继。无奈，僧人将外院辟作商市。

这样一来，开化寺街成为太原城中集商贸、游艺、书场、茶社、打把式、变戏法、卖艺的"天桥式"场所，成为太原城中一大景观。

值得一提的是，在清代，这条街上有一座名为"四美园"的娱乐场所，也就是青楼。这座"四美园"距离起凤街的山西贡院不远。每到三年一次的乡试，这里就变得热闹非凡，成为文人士子们寻找诗文灵感，抒发家国情怀的所在。也由此，产生了诸如《苏三起解》一类的爱情故事。

一本名为《花月痕》的小说就提到了这座"四美园"。不过，书中的"四美园"变成了"愉园"。在书中，"愉园"建筑宏丽，楼台、亭榭、宝塔、假山均极精致。

《花月痕》的作者是清咸丰年间的一名文人，叫魏秀仁。书中写的是书生韩荷生、韦痴珠与青楼女子杜采秋、刘秋痕的爱情故事。书中的韩荷生才兼文武，屡建奇功，终得封侯，杜采秋也受一品夫人封典；韦痴珠则怀才不遇，穷困潦倒，一病身亡，刘秋痕也自缢殉情。虽然故事情节比较老套，但却是我国第一部以青楼女子为主要人物的长篇小说。

现在"四美园"原址已经变成了一家酒店,只剩一座迁移到文瀛公园的琉璃塔。

民国时期,开化寺北部临钟楼街的部分也被辟建为商市,取名"共和市场"。这时开化寺已经被肢解得七零八落、面目全非。

民国九年(1920年),因这里临近钟楼街、柳巷、按司街,是繁华热闹之所,所以不少茶商、票号、绸布百货业,逐渐汇集于此。一些豪富达官看到这里是一块经商宝地,有利可图,遂合股集资组成新开化房产公司,拆除断壁残垣,清除大小佛像,辟建为市场,并与原共和市场打通。由于开化寺的称谓由来已久,一直被沿用,遂以其谐音取名"开化市",取代共和市场。至此,开化寺便从历史上消失。直到1982年,"开化市街"才恢复成"开化寺街"。如果不是沿用了开化寺的名字,人们甚至不知道,这条繁华的街道上,曾经有一座辉煌一时规模宏大的庙宇。

■ 子语非

唱经楼上话五魁

鼓楼街地处柳巷商圈,是一条繁华的小街巷。在这条小街巷内有一座名为鼓楼世纪广场的建筑群。这个建筑群十分有特点,呈半圆形,将一座古建筑环抱在内,成为城市一道奇特景观,这座古建就是全国重点文物保护单位唱经楼。

唱经楼占地面积并不大,约2000平方米,但它却是全国仅有的一座形制完整的唱经楼。

唱经楼为明朝初年所建,明清两朝曾多次修缮。距离最近的一次修缮是2003年,市政府为庆祝太原建城2500周年,在著名古建筑专家冯冬青老先生的主持下进行的。

唱经楼的建筑特点,首先从功能说起。它是一座儒学礼制建筑,是科举文化的重要组成部分。唱经楼中的"经",并不是佛经,而是指"四书五经"中的"经",也就是儒学经典著作《诗经》《尚书》《礼记》《易经》《春秋》。另外,所谓"唱",不是唱歌,而是大声宣读。

明清时期,乡试结束10天后,发榜前一天,参加考试的秀才们怀着忐忑不安的心情齐聚唱经楼下,等待唱名。这时,负责唱名的官员在唱经楼上,大声宣读"五魁首"的考生姓名、名次和籍贯。

那么何为"五魁首"?

最初科举分五经(诗、书、礼、易、春秋)取士,每经第一名称经魁,又称魁首。同时取得各经第一名的人被称为"五魁首"。但随着科举制度的不断发展变化,五魁成为乡试前五名的代称。

唱经楼坐北朝南临街而建,就是为了方便宣读"五魁首"。

能在众学子面前,被大声念出姓名、籍贯和名次是多么荣耀的事。之后,在众秀才"羡慕嫉妒恨"的目光中,魁首佩戴红花,在唱经楼门前众人簇拥下前往贡院(位于今文瀛湖南),将金榜张贴于贡院门前,宣唱金榜活动结束。

除此之外,"五魁首"还会被巡抚邀请参加盛大的鹿鸣宴,席间唱《鹿鸣》诗,跳魁星舞,祝这些举人们在明年春天的京城会试中金榜题名。由此可见,唱经楼在读书人心目中,就如同奥运会的领奖台。有多少人在午夜梦回中,望楼唏嘘辗转难眠。

说完"五魁首"的来历,再来看看唱经楼的建筑格局。唱经楼由三部分组成,分别是唱经楼、正殿和春秋楼。

唱经楼和正殿为明代所建,从空中俯瞰,整栋建筑呈"L"字形结构。从鼓楼街向唱经楼看去,这栋古建酷似一座二层的亭阁。其屋檐为重檐十字歇山顶,顶部由蓝色琉璃瓦覆盖。在二楼重檐下悬挂有一个蓝底金字的牌匾,上书"唱经楼"三个大字。远远看去,整栋楼造型精巧,富丽堂皇。尤其是到了夜晚,在灯光的晕染与周围现代建筑的衬托下,整栋建筑显得遗世独立、美轮美奂,令人赞叹。

唱经楼一层为砖木结构,名为五魁厅,从后门通过长廊可达正殿、后院。二层为唱经阁,是纯木结构。

经过一层走廊,是和唱经楼连成一个整体的正殿,这里是府县官员在唱榜前后进行祭祀的地方。

正殿里梁架苍老,蜀柱上雕刻精美莲花,为典型的明代风格。殿内供有关公、文昌帝君、孔子像。正殿东侧的建筑就是春秋楼,它的修建比唱经楼晚许多,建于清康熙年间。它是祭祀关羽的庙宇,也是太原城中25处关帝庙之一,现在里面供奉的是道教三位上仙。

现在,屹立于文瀛湖畔的山西贡院早已成为历史尘埃,只留下唱经楼,这座见证了无数读书人喜怒哀乐的历史遗迹,成为山西儒学发展的重要见证。

■ 郭晓华

海子边东街：八十年代大款加工厂

20世纪80年代改革开放初期，做什么生意才能迅速得到人生第一桶金？答案是，到海子边东街练摊。据统计，1985年，全国平均年工资为1000多元，大多数人月收入还未过百，而在太原海子边东街练摊，一天赚四五百是常事，一天赚1000多，也不稀罕。在海子边东街练一天的摊，就能抵得上普通工人近一年的工资，可见当年海子边东街的热闹程度。

说起当年海子边东街，一些老太原人笑称，"那是80年代的大款加工厂"。

海子边东街是一条长350米，宽6米的小街巷。"海子"，是太原方言，即水潭、水池、湖之意。早年太原有"海子堰""南海子""西海子""新南海"等水潭。所谓海子堰，指今文瀛湖。之前文瀛湖东面这片地叫做金鸡岭，是一片大土丘。

明清时期，文瀛湖边的贡院和纯阳宫渐渐兴盛，有居民、商贩迁到湖东岸边做小买卖讨生活，因此形成今天海子边街的雏形。之后，随着清代晋商崛起，在海子边做买卖的人越来越多，海子边街变得热闹起来。

民国初,文瀛湖边的这条小路改称海子边街。后以文瀛公园正门将海子边分为东、西两段,故又分别称之为海子边东街、西街。那时,海子边东街是经营小本生意的,西边是老百姓的文化娱乐场所。

新中国成立初期,海子边已经成为太原最热闹的商业街。曾经有一篇回忆当时海子边街的文章中写道:公园周围,商贩云集,有餐馆、娱乐馆、小吃摊、旧书摊;说书的、唱戏的、耍把式的、变戏法的,五花八门,应有尽有,每天熙熙攘攘、人流如织。当时有民谣说:"抽的顺风烟,看的丁果仙,逛的海子边,赛过活神仙。"

海子边东街兴盛的巅峰时期是在20世纪80年代,即1985年左右。改革开放后,首先富起来的南方商人满世界地找商机,他们中的一些人从海子边东街嗅到了商机。

当时,太原人对个体户还是有一定偏见的,思想也比较保守。人们心目中最理想的职业是"听诊器""方向盘"和售货员。直到"倒买倒卖"的南方商人在海子边东街赚得盆满钵满,一些胆子大、头脑活络的太原人才红着眼涌入海子边东街练摊分享这块大蛋糕。之后,在海子边东街摆摊的人越来越多,为此,有关部门批准成立了海子边综

合服务市场。海子边工商所随即成立,全面负责市场管理。这时,海子边街的摊位达到了500多个。

随着海子边东街成为山西最为繁华的商业街区之一,这里注定成为20世纪八九十年代太原市著名的民营企业家和商业大腕的摇篮。

■ 子语非

穿越时空的晋商书房
——"书业诚":
乾隆年间山西历史上最大的私人书坊

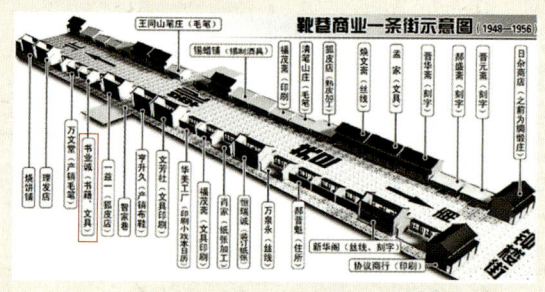

1948—1956年靴巷示意图

时间是挚友,也是利器。
水东流、浪淘尽,秋月春风,英雄去。
远方的乐声、埋藏的故事,
只有走近珍贝般的遗存,
才能找寻和揣度亲历者真实的喜悦与感伤……

在古城太原钟楼街，从东行北面第一个巷子就是靴巷。走到靴巷中段能看到路西一处砖木结构的二层楼房，这就是著名的老字号"书业诚"。书业诚是晋商渠仁甫20世纪初在太原建造的书店和寓所，其前身是乾隆年间山西历史上最大的私人书坊——"书业德"。

抗日战争前太原"书业诚"掌柜和伙计们在门前的合影

百年前 太原和曼彻斯特
划时代的两处书房

"书业诚"是典型的山西四合院，但与其东家占祁县半个城的渠氏大院不同。书业诚在修筑时融入了民国初年的西洋建筑艺术元素，兼有晋商大院风格和欧洲风格，中西合璧。前楼（东楼）欧洲风格的阳台和精美的铁艺装饰在中国的传统四合院中极为罕见。无论是中式建筑中的欧式风格，还是私人书房的传奇发展，中国晋商之"书业诚"与英国曼彻斯特大学华美异常的"瑞兰兹"图书馆，在冥冥中有着诸多的巧合。无独有偶，时间回溯到百年前……

一个是"书业诚"。在中国的晋商故里，由民族商人渠晋山（字仁甫）创办，因"经商不失诚信"而得名。

书业诚的前身是清代早期设立的、山西历史上最大的私人书坊"书业德"。"书业德"总号在济南，山西有祁县、太原两个分店。因经营不善倒闭后，由渠仁甫接办，更名为"书业诚"。

渠仁甫是晋商后期最有影响力的代表

典藏古籍和珍本的"瑞兰兹"图书馆向社会开放

人物之一,经营渠氏商业40年,前后有八大商号,经他亲手创建的就有五个。渠仁甫虽然身为商人,但骨子里却是一位书生,读书与藏书是他的最大爱好。他收藏的名人书法及历代著名碑帖特别丰富,他的藏书室除有四不若斋、闇修书室外,"书业诚"古籍书画店是他藏书的重要一处。

书业诚初期总号设在祁县,太原为分店,以刊印古籍为主,并广收善本、名人书画及历代碑帖,附带经营文房四宝等文化用品。"书业诚"寓意在"诚",在经营中,贵讲诚信。表现在三个方面:一是货真价实,不以次充好。如狼毫、羊毫毛笔都是专门精选的黄鼠狼毛和羊毛定点加工制作,吸水性恰到好处。所进之"胡开文墨"必须从安徽徽州屯溪进货。所售之端砚,必把上、中、下砚清楚标明。所刊印之书籍,印刷清晰,装订整齐,无一错字。二是童叟无欺,对顾客一视同仁,没有什么年龄、身份、地位之分。三是包退包换,决不允许与顾客争吵,保证顾客满意并将售后做得非常好。很快,太原"书业诚"之兴隆远远超过它的前身而名扬三晋,祁县的总号也不能与之相比,从此太原靴巷的"书业诚"易为总号,祁县变成分店。每年底,各地分号都要来到太原"书业诚"渠家总号领取年薪。

同样是百年前,在英国的工业革命重镇——曼彻斯特的丁斯盖特大街上,有一座红褐色的维多利亚风格建筑,就是闻名遐迩的瑞兰兹图书馆。其得名于英国工业先驱——棉纺大王约翰·瑞兰兹。

该馆曾在英国私人图书馆中排名第三,现归曼彻斯特大学所有。曼大的瑞兰兹图书馆拥有藏书350余万卷,规模位居全英

"瑞兰兹"图书馆

大学第三,是英格兰北部唯一的国家研究图书馆。它是公认的"世界上最美的图书馆"之一,至今仍然原汁原味地保留一个多世纪前图书馆的样貌,始终在图书馆发展的洪流中固守着自己的宁静与安详。

约翰·瑞兰兹花费不菲收集了很多古籍和珍本,瑞兰兹夫人率先将私人书房向社会开放,一度被誉为"公家书房"。约翰·瑞兰兹不同于东方的渠仁甫,渠仁甫是接掌家族十几世传下来的生意,而约翰从小跟着父亲,从父亲的小作坊起家,协助父亲创建了 Rylands & Sons 公司。在工业革命早中期,大机器生产的纺织业是支柱产业,在他执掌公司的巅峰期,曾拥有15000名工人和17家工厂,日产棉布达35吨,约翰因此成为大曼彻斯特地区的首富。他去世时,比他年轻42岁的妻子恩里克塔不仅继承了257.5万英磅的遗产,更是继承了他毕生搜集的珍贵图书资料。这位西方的棉纺大王和东方的渠东家一样极好藏书,收藏有大量来自显贵家族的图书和珍贵档案,包括近百册1500年前的不同版本的《圣经》,世界各地的图绘抄本、探险笔记、名人手稿,埃及纸草,巴比伦泥版,乔叟、莎士比亚乃至乔伊斯的早期印刷本等。与科学有关的收藏则包括1543年初版的《人体构造》,亚里士多德、哥白尼、伽利略、牛顿、胡克、波义耳著作的早期版本,以及道尔顿、焦耳等本地科学家的手稿等。瑞兰兹夫人不仅花重金在丁斯盖特大街上购买一片房产兴建瑞兰兹图书馆,并聘用最好的设计师参与丁斯盖特大街的建筑设计。她继续投资扩充原有收藏,还以21万英镑从第五代斯宾塞伯爵手中高价购得家族传下来的艾尔索普图书馆,尝试把收藏向不同需求的各界人士开放。

晋商大亨渠仁甫

1900年1月1日,图书馆建成,以故世的"瑞兰兹"先生命名,正式对市民开放。瑞兰兹夫人又出资15.5万英镑从痴迷天文学的第二十六代克劳福德伯爵林德赛那里购得大批名人手稿,成为图书馆落成后最大的一份入藏。

晚清时,《申报》有份附属出版物叫《点石斋画报》,曾将瑞兰兹夫人从贵族世卿那里收购图书和建馆储放的事传播到中国,称英国的"公家书房"为"天下惟非常之人能成非常之事耳"。

爱书 藏书 捐书
晋商自有风骨

晋商大亨渠仁甫和工业大王约翰·瑞兰兹在同一个世纪停留,他们没有交集,甚至没听说过彼此。但热衷于慈善事业和公共设施建设的两个人,更有一个共同癖好,就是搜集古本。他们都极爱书,爱藏书,最终又都捐书给国家和社会,同归而殊途,一致而百虑。

瑞兰兹"公家书房"向社会开放之时,东方古城宅院里的渠仁甫时年20岁,正准备参加光绪年间的童子试,他闭门不出,不喜经商,不问政事,只想一心读圣贤书。但命运安排总是事与愿违,作为赫赫有名的"田喜财主"渠源潮的长门长孙,爷爷离世后他被迫接下了家里所有商业经营的重担。祁县渠氏一族为晋商世家,自明代就开始经商,清乾隆时期,第十四代渠氏先祖创办了"长源厚"字号,确定"长源本晋川,荣华万世年"10个字作为后辈们的世系排序。渠氏一族生意越做越大,到渠仁甫时已经发展成为拥有五家票号、四家茶庄、三家绸缎庄等多家商号的巨富之家,其资产遍布全国各地,当时山西30家富商中,祁县渠家排名第四。渠仁甫从接手"书业诚"开始经营家族生意,他经商不失诚信,诚信不误精学,精学不耽育人,育人不忘报国,铸造了传奇而辉煌的人生,成为晋商后期最具影响力的人物。

晋商是中国民族商业史上的传奇,"有麻雀的地方就有山西商人",纵横欧亚九千里,称雄商界五百年。山西商人深受孔孟之影响,把儒家传统做人准则与经营相结合,儒商并举,有着高贵的商业品格。这点,在文人风骨的渠仁甫身上体现得尤其明显。他博学厚积,喜读书,好诗文,经史子集无所不读,著有诗集两册。他勤勉致学,善书法,尤精小楷,80岁仍作蝇头小楷,留存有四五十万字的文抄、诗抄。他不倦求索,爱书如命,收藏各类古籍图书、书画碑帖10余万册,大多是珍本、善本。他的这些收藏,其中许多又与"书业诚"有关,当时店员凡是收到古书,必让渠仁甫先过一眼,遇善本则留下,普通书则放在店里出售,日积月累,藏书越来越多。对于这些古籍,渠仁甫极为爱惜,想尽办法为这些古籍防潮防蛀,还专门制做了松木黑箱用来装书。1937年日军进入山西,渠家也开始逃难,祁县的渠家大院被日军占为司令部,许多贵重之物被抢劫一空,留在祁县的书业诚同仁趁日军外

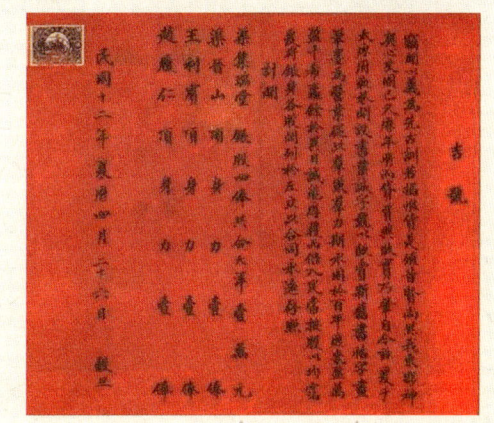

书业诚股俸合同

书业诚

出之际,抢运出部分古籍,后来陆续运至太原书业诚。新中国成立后,他将明版《津逮秘书》《唐类函》《资治通鉴》《十三经注疏》和清武英殿本《钦定仪礼义疏》《钦定周官义疏》《南巡盛典》《钦定佩文韵府》等1000余部30000余册善本古籍捐献国家,他"满架图书甘资国家",爱国有识,慷慨捐赠,为保存祖国文化遗产作出了贡献。

书无尽藏 诚以得事
书业诚故事励后人

时光荏苒,逝者如斯。现只存有二层砖木楼门面的"书业诚",曾是书业诚四合院的临街楼面。当时山西政界名人马俊图书写的"书业诚"三字匾悬挂于二楼中间上方,院内西厅的门楼两边也曾有一副核桃木雕刻成的嵌字联,上联为"书无尽藏福地琅坊钟慧业",下联为"诚以得事洞天清秘赏奇文"。上联嵌"书、业"二字,下联嵌一"诚"字。可惜,这些牌匾字联都尽数被毁,无迹可寻,但无法磨灭的是记忆中这座砖木楼前文化用品一条街的繁荣,还有铭刻在心间的"以诚相见,信誉经商"的"诚"字要诀,更有渠家对山西社会和教育留下的不朽贡献。

渠家代表人物渠本翘是一位民族工业的先驱、爱国人士,还是社会教育家,也喜欢收藏古书,同样收藏和留下了许多珍本。光绪三十一年(1905年)时,朝廷废科举而兴办学堂,渠本翘捐了20000多两白银,把原来的昭余书院改为祁县中学堂,并附设蒙养学堂。渠本翘后调任山西大学监督,为山西大学的发展奠定了基础。

书业诚

渠仁甫与其堂叔渠本翘一样有着教育救国、兴学育人的信念。1919年以堂叔渠本翘创办祁县中学的成功范例为榜样，渠仁甫独资创办祁县私立竞新小学，为"普及教育，体恤寒素"，不收学费，学校师资设备好、校风校规严、学生成绩优异，闻名三晋大地。他对于家境不好的孩子还鼎力助学至大学毕业，为社会培养了大批有用之才。1922年，时任大总统的黎元洪曾为他题写"敬教劝学"以资褒奖。随着学校发展，渠仁甫先后出资8万元，用于合并扩大校址、扩建新操场，还建立竞新图书馆，除供师生阅读外，还免费向社会开放，成为当时山西省影响极大的公益性图书馆。1951年，他把竞新小学、竞新操场以及竞新图书馆全部无偿捐献给祁县中学，"遂我初衷，了我始愿"，将自己兴学育人的志向托付给国家。

20世纪公私合营时，渠仁甫又带头把自己所有的五个商号的资产全部进行公私合营。"书业诚"也是在1956年公私合营时全部并入了太原新华书店，渠仁甫还用私人存款为太原"书业诚"增加资金3000元。至此，这位翩翩儒商、谦谦学士，跑完了渠氏商业历史上的最后一棒。

或许是受晋商教育兴学的精神影响，今日的迎泽区，仍有众多来自各行各业的人，自发地组织捐资助学、游学、讲学等活动，百年老字号书业诚也默默注视着这些记录历史又在开创历史的人们。

■ 吕子

食品街，一间接着一间的饭店，一家挨着一家的小吃。铜锣湾，既有特色小吃，又有私房菜，还有高格调餐馆。中正天街的餐厅，以城市化、小资化居多，深受年轻人追捧。

舌尖上的 迎泽

A Journey to Discover Taiyuan

肆

食品街

  食品街，每一个太原人，或者来到太原的人，必去打卡的地方。

  这是一条步行街，南北走向。北起府东街，南至钟楼街，全长552米，宽10米。整条街道都是琳琅满目的美食，一间接着一间的饭店，一家挨着一家的小吃。

  在太原人的心中，食品街一直都是美食的代名词。宋代的时候，食品街就是太原的商业中心。2013年，修缮一新的食品街，以全新的姿态出现在大众视野。不仅保留了屈礼洪、杨记灌肠、雪山冷饮等食品街原有的美食，更是增加了很多特色美食。广东肠粉、长沙烤串、庆丰包子……只要在食品街逛一圈，便能享受到全国各地的特色美食，是太原小吃的圣地。

  木门窗、青砖墙、石板路，以及明清时期的古建风格，成就了食品街独一无二的气质。主路采用青石板，便道采用厚青砖席纹铺地、谭石收边的手法，道路两旁的建筑都是整齐划一的明清风格，整个街景浑然一体，有种穿越时空的感觉。来食品街不仅能吃遍各种美食，还能感受古建筑的魅力。

从食品街南头逛起。第一家必吃的便是**屈礼洪**。进门处长长的案条上，是码放得整整齐齐的串，有着超强的视觉冲击力。豆制品、肉类、蔬菜……拿个托盘，将自己爱吃的串一一放入盘中，然后给了老板，数串、买单。一会儿，煮熟的串便上桌了。浇上浓香的芝麻酱，再来点辣椒，是一种独一无二的味道。门口还有涮牛肚，味道也是一绝，人多的话，也可以来一份。

杨记灌肠，有着30余年历史，承载着一代又一代太原人的记忆。那一碗荞麦面，那一勺酱卤汁，蕴藏着太多太多属于太原人的味道。杨记灌肠的客人络绎不绝，只为吃那一碗灌肠。店从每天上午9点开始，一直营业到晚上。

雪山冷饮厅, 太原冷饮店里的老字号。上学时,最爱来这里买冰激凌球,一边走一边吃,现在回忆起来都是满满的幸福。冰激淋有30多种口味,价格从6元到20元不等。传统沙棘味最有特色。小盘子里装着橘红色的球,隐约能看到果肉的影子,用小木勺挖起一点送进嘴里,酸酸、甜甜、冰冰的,一种独特的味道。还有陈醋冰激凌。初尝是陈醋的味道没错,第二口有巧克力,第三口居然有奶味……一种混合了陈醋、巧克力、牛奶的冰激凌,世上绝无仅有的味道。

屈礼洪、雪山冷饮厅、杨记灌肠,这三间店铺,见证了食品街的风风雨雨。除此以外,受宠的新贵也在陆陆续续上场。

整条食品街一直都是满满当当的美食,未有一处空闲。

永远都在排长队的各色面食和宏祥蜂蜜大麻花,以轻食而蹿红的快乐柠檬,烤鱼、西餐、日料,无一不彰显着食品街的活色生香。

 党三玲

鼓楼羊杂

鼓楼羊杂，百年老店。2018年，列入山西省非物质文化遗产名录。店老板李晓军是鼓楼羊杂第七代传人，他将手艺做到了极致。

位于双塔西街的店，已有近20年历史。目前，鼓楼羊杂割在太原有五家直营店。古色古香的外观，自有一种老太原风情。

每一个爱喝羊汤的太原人，生命中都有一碗鼓楼羊汤。

一口大铁锅，加入32味中药材，细熬慢煮。熬出的羊汤色泽清亮，口感浓郁顺滑，几乎没有膻味儿，每一碗羊汤都是在这口大铁锅里烫出来的。厨房是开放式的，你可以现场看到经典的烫碗工艺。

有羊杂割、全羊汤、羊肉汤三种可选，如果你想一次体验个够，不妨来碗全羊汤，几乎囊括了所有羊汤的食材，有肉、杂碎、粉。肥而不腻的羊肉片、清洗彻底的新鲜羊杂、Q弹的圆粉条，撒上葱花、香菜，浇上香而不辣的辣椒油，最后再来点山西老陈醋，一碗热腾腾的全羊汤上桌。

羊汤配饼，是正确的打开方式。鼓楼李家油酥饼制作技艺，被列入第六批市级非物质文化遗产名录。油酥饼经过十几道复杂工艺，制作出令人赞不绝口的美味。色泽金黄，脆而不碎，咬一口，唇齿留香。

一口肉、一口饼、一口汤，一餐最好的享受。

■ 潘琳

一碗羊汤,是太原人对早餐最好的尊重。一年四季,皆可如此。

冬日严寒,一碗羊汤下肚,可以从头暖到脚。夏日炎炎,羊汤的热度依然不减。每天早晨6点开始,郝刚刚羊杂割门口长长的队伍,便是最好的证明。一碗香气四溢的羊杂割,配上一个油酥饼,一夜沉梦就此唤醒。

郝刚刚羊杂割

店名是用老板郝刚刚的名字命名的,从鼓楼街出摊,到现在已经有30年历史,聚集着太原一众食客。目前,正宗郝刚刚羊杂割,是位于柳北口的一家。门店招牌上印着郝刚刚头像,他也几乎常年驻守在店里,凡是好这一口的人,几乎都认识他,系着围裙,或收银,或烫碗,或帮着顾客端餐……

店门入口处,常年熬着一锅浓郁的羊汤,只要路过,便是扑鼻的香味。羊肉、羊杂以及细粉条都是提前准备好的,被均匀地装进一只只碗里,整齐地排列在入口处的长案上。顾客点餐后,厨师便会将滚开的羊汤一次次浇入碗中,反复烫熟。最后,加一勺汤,羊汤出锅。葱花、香菜、辣椒、胡椒粉都是灵魂,一样也不能少。既有颜值,又有内涵。羊汤要配着饼子或麻花吃,才是正道。会吃的人,还会将饼子或麻花掰成块,放入羊汤中,嫩滑的羊肉、鲜美的羊杂,一碗吃下去,超大的满足感!

不止早餐,郝刚刚只用一碗羊汤,便承包了太原人的早、午、晚餐,并且餐餐都在排队。

■ 党三玲

火锅粉的存在，就像是一个治愈坏心情的神器，一口下去，所有的坏情绪顿时消散。

位于柳巷的牛王庙，30年老店，只用一碗火锅粉，便诱惑着每一个人的味觉神经。典型的川味儿，麻、辣、鲜、香，兼而有之。

底汤是由三四种辣椒、花椒、麻椒，以及20多种中药材，加入高汤，精心熬制而成。粉是宽粉，滑滑的，越嚼越有滋味，从嘴里滑下去的感觉特别神奇。配菜很丰富，有土豆、莲菜、豆腐皮、时令绿菜等。一碗火锅粉，就如同一个人的火锅。

漂浮于碗面那层红艳艳、油亮亮的辣椒，会将胃里的辣虫瞬时勾起，是无辣不欢者的狂欢盛地。轻轻搅拌，香气便四散弥漫。吃在嘴里，舌头会忍不住后退，但却停不下来。麻而辣的感觉，贯穿嘴、舌尖，一直到后脑勺，刺激着中枢神经，愉悦指数顿时爆表。辣过之后，会变得绵软甘醇，耐人回味。太原人在吃的时候，还会加入几滴山西老陈醋，或许是为了降辣，或许是为了再增加一个口感。

除了让人欲罢不能的火锅粉，麻辣串串的点单率也超高。或豆制品，或蔬菜，用竹签穿起来，蘸上秘制的酱料。据说，酱料里加有宁化府的醋，麻辣中带有酸甜，更适合太原人的口味。

尽管现在牛王庙在太原已有五家加盟店，但要想吃得正宗，还得来柳巷店。

■ 吴瑜

牛王庙

太原人口中的铜锣湾,便是位于五一路的铜锣湾国际购物中心,正式成立于2005年,风风雨雨走过十几个年头,已成为太原人购物休闲常去之地。

2018年,铜锣湾装修一新,大家发现,这里多了美食。铜锣湾的四、五层,有很多美食入驻。随着市场的变迁,铜锣湾也在全力打造一座集餐饮、购物、休闲、娱乐于一体的现代化商城。

除了铜锣湾内部增加了餐饮外,以铜锣湾为中心点,方圆之外,目之所及,也都是美食。南北两条步行街,餐厅一间挨着一间。所以,铜锣湾几乎是被美食包围了的,没法用单纯的一条街来形容。

铜锣湾美食,既有特色小吃,也有私房菜馆,还有格调较高的小资餐厅。

有着百年历史的老字号林香斋,便位于铜锣湾步行街。它记录着百年间太原餐饮的发展与兴衰,是太原人祖祖辈辈舌尖上的记忆,接待过包括徐志摩、林徽因、泰戈尔在内的很多社会名流。

铜锣湾

林香斋主打豫菜，最早的店铺由一位河南人开设在钟楼街开化寺，几经变迁，现在太原有五间门店。经典菜品过油肉、糖醋丸子、灌汤包、香酥鸡，以及得过全国金奖的糖醋脆皮鱼，都被完整保留下来。

过油肉是林香斋的招牌之一。相较于普通的过油肉，它在原材料的选择上更为考究。肉是黑猪后臀肉，切成铜钱大小，用土鸡蛋挂糊。辅料则摒弃了味较冲的葱头、蒜薹等，采

考究

用玉兰片、菠菜梗、秋耳等。在炒制的过程中，溜边放入老陈醋。出锅后，色泽金黄，入口软、嫩、滑，可以称得上是太原最好吃的过油肉。

与林香斋相邻的另一家老店，是迎春楼。它有近40年的历史，是山西最早引进的一家粤菜馆。迎春楼于1978年在太原府东街明代火神宫遗址上动工兴建，1981年竣工开业。2013年府东街封闭改造，迎春楼被拆。

2016年，迎春楼又在铜锣湾筹建开张。经典菜有麻皮乳猪、金牌脆皮乳鸽、紫金凤

其他美食如顺溜削面、串串叔叔、皇城霸火锅等,雄踞铜锣湾多年,盛况未减。也有如韩国烤肉、年糕火锅以及重庆小面等,时而如雨后春笋般遍地长满,时而又如一阵风般消失得无影无踪。

位于铜锣湾的一众美食,来来往往,几经变迁,但一直都是满满当当。

■ 党三玲

爪、冰镇咕噜肉、避风塘鱿鱼须、红米肠粉等,在近40年的餐饮长河中,迎春楼以它独特的晋菜、粤菜、谭家菜和粤式、俄式、法式西点,傲居三晋大地。

铜锣湾美食城则是小吃比较集中的地方,位于潮流汇中段。里面是一间挨着一间的小吃店,有点像大排档的感觉,热闹非凡。从鸡排到叉烧,从小面到米线,关于小吃,这里几乎都有。到饭点的时候,会聚集附近一众上班族。

2017年1月13日,中正天街正式开业。这是太原首家24小时敞开式商业街区。

不同于其他封闭式购物中心,中正天街以全新的设计理念,集餐饮、娱乐、教育、健身、购物、演艺于一体,通过户外步行通道、连廊、直升电梯、坡道扶梯、踏步扶梯等平面和立体的融合共享形式,将五座商业楼有机地连为一体,打造出独特的一站式商业街区。

中正天街位于并州东街与并州北路交叉口,可以说,处于太原比较中心的位置,每天吸引着四面八方的人来这里觅食。

2018年,中正天街被认定为山西特色商业街,成为太原人吃喝玩乐必去地之一。

中正天街,也可以称为美食街。餐厅以城市化、小资化居多,特别受年轻人的追捧。

锦上云

  一间高端日料店,是山西首家做怀石日料的店。高端的店铺、高端的食材、高端的美食,一切都是那么的完美。但对于普通人来说,是有一些奢侈的。还好,还有别的选择。那就是**福库·回转寿司**。日料味道不错,价格也很亲民,环境布置及餐具都很走心。旋转寿司可以自取,根据盘子颜色不同,从4元到12元价格不等。豚骨拉面是特色,最后来一碗,才是吃日料最好的结束语。

锦上云

喵小姐·不等位

喵小姐·不等位

喵小姐·不等位可以说是中正天街必须要打卡的网红店。这是一家创意融合菜餐厅。复古金属风的装饰,炫彩斑斓的灯光,整体像极了酒吧。晚上还有驻唱的乐队,整个气氛比较high。

菜名也很有特点,"果果偷着吃""夏日兄弟情"等,超有趣。烤鱼是特色,但一定要选香辣的。红红的辣椒,配上浓浓的汤汁。鱼被烤得外焦里嫩,关键都是刺少的鱼,吃起来很方便。除了烤鱼,这里还是一个撸串的地方。撸串哪能少了啤酒,配上黑啤才够劲。此外,牛肚也是一绝,特别嫩,咬起来毫不费劲,里面还有豆腐皮和生菜,蘸着浓浓的麻酱,超有味儿。

胡桃里

　　胡桃里于2018年入驻中正天街。这是一家音乐餐吧,但同时也是一家酒吧。自然、怀旧、温暖贯穿整个空间。包厢被丛丛绿意包围,既私密又如置身于大森林中。晚上有歌手驻唱,有歌、有酒、有美食。胡桃里的菜品属于融合菜,但都很有创意。比如烤鸡,上来就是一个大笼子,鸡被装进一个木桶里,上菜后,服务员撒上味粉,用木槌锤一下帮助入味。鸡皮烤得很脆,鸡肉被味粉浸满,几乎是桌桌必点之菜。其他的菜品,亦是如此,不仅味美,还有一个很有创意的出场。晚上10点之后,餐厅进入酒吧模式,这是一个清吧,听着音乐,小酌一杯,和三两好友聊聊天,没那么吵。

■ 潘琳

文瀛公园,历经600年岁月,见证了朝代更迭,城市变迁。迎泽公园,太原市内最大公园,古风古韵的建筑,成为摄影、游览必选地。碑林公园,在书法界有着重要地位。

城市
A Journey to Discover Taiyuan
梦
空
间
伍

柳巷
太原最繁华的商业老街

柳巷,是太原历史最悠久的商业街,有着300多年的繁华。

柳巷,是太原历史上最繁华的商业街,日人流量高达20余万。

柳巷,是太原老字号最集中的商业街,六味斋、老鼠窟、林香斋……这些老店都在这儿。

柳巷,承载着太原几代人的梦想与记忆。

20世纪80年代后,老商号迅速恢复,新商店也相应加入,柳巷进入了前所未有的繁荣时期。

清代以前,柳巷是一条破旧的市井小巷,到了清光绪中叶,水患淹没了城南和南关城的商市街巷,商贾们被迫向地势稍高的钟楼街一带迁移。

开化寺兴盛的时候,柳巷偶尔有小贩摆摊,后来,京津豫冀的商贾们接踵而至,柳巷变成了店铺毗连、行商坐贾云集的闹市。辛亥革命后,柳巷商贸业快速发展,成为太原商业中心。做服装的津商黄厚甫在柳巷开了太原的"华泰厚";天津著名的"乐仁堂"大药店也在柳巷建立"乐仁堂"分店……柳巷随之变成寸土寸金的商业大闹市。

20世纪30年代末到40年代中叶,因为战争,柳巷的店铺纷纷倒闭,商贾大都破产,一派萧条景象,直到太原解放前夕,都难以恢复往日的元气。

吃在百年老店

柳巷有历史沉淀却也包罗万象。它对于吃货而言,从接地气的小食到高大上的餐厅,从百年老号到网红新星,在柳巷都可以找到。

在柳巷铜锣湾步行街有这样一家百年老店,它有一个很江湖的名字,叫"林香斋",是河南商人许振江于1913年创办,曾与晋阳饭店、上海饭店一起,被选为太原市三大饭店。

100年来,几经搬迁,林香斋又回到了柳巷,从最出名的"十大碗"到150余种正宗豫菜,林香斋这家店在创新中不断前行。

桥头街上有一家叫"认一力"的饺子馆,是1930年回族人安海创办的。虽然店主、店堂几经变迁,但"认一力"的声誉却经久不衰。认一力蒸饺以"皮薄馅嫩,肥而不腻,越嚼越香"的特色被评为太原十大名吃之一,醋浇羊肉、黄焖牛丸也声名远扬,现如今认一力分店遍布太原。

原位于西山饭店一层的清和元已经搬到了铜锣湾宝地小区内,清和元建于清初,迄今已有400年历史了。进入清和元一定要尝一尝头脑,它可是傅山先生发明的滋补养生美食。

纯阳宫21号的山西饭店也很有特色,饭店的仿古建筑吸引了许多游客驻足拍照。山西饭店的前身是1914年阎锡山倡议筹资兴建的"自省堂",是当时政要和社会贤达在晋的唯一下榻地。这里的晋菜做得很地道。

买地道山西特色

经过岁月的洗礼，那些曾经辉煌的百年老店已经消失了不少。但是也有一些依然活跃在柳巷，成为柳巷最耀眼的招牌。在柳巷里，能寻找到最陈的醋、最地道的酒和最具晋味的特产。

走进铜锣湾步行街深处，跟着一股股浓浓的醋味走，就能找到**宁化府益源庆醋**的厂门。创建于1377年的益源庆，是明太祖朱元璋之孙、宁化王朱济焕府内酿酒、磨面、制醋的作坊，因为出产的醋配料讲究、制作精细、风味绝佳、质久不变，宁化王便将其敬献到宫中，从此，益源庆成为宫廷御醋。1817年，益源庆老店已有日产150公斤醋的规模，是当时山西最大的制醋作坊。如今，每逢腊八，总能看到益源庆店门外排起长队买醋的人。

在柳巷桥头街口,有一处青砖老楼,拐角大门上"**六味斋**"三个字甚是醒目。"六味斋"是创始于清朝乾隆三年(1738年)的中华老字号,生产的酱肉曾作为贡品享誉京师。公元1938年传至太原,经过了近百年的传承,六味斋的产品已是太原百姓家中最常见的美食。

位于钟楼街中段的**乾和祥茶叶店**,店面古香古色,其历史也非常悠久,始建于1918年,是三晋久负盛名的老字号、省级非物质文化遗产、山西省著名商标。乾和祥经营六大类茶,茉莉花茶是招牌茶,传承独有的融淬技艺,让茶叶和本地水质达到最佳的口感。

钟楼街有家**老鼠窟元宵**,创建于1931年,名"恒义诚甜食店",地处钟楼街"老鼠窟"巷口,故以"老鼠窟元宵店"著称。"老鼠窟"元宵,有"味压群芳、誉冠并州"之美称。

位于柳巷的**双合成**,是民国元年(1912年)河北商人李洛金来太原开设的分店,100多年来,双合成这个老字号经过起起伏伏的发展,已经成为山西家喻户晓的品牌,郭杜林月饼和娘家粽都非常有特色。

■ 潘琳

TIPS

位置: 南起迎泽大街,北至府东街。商圈还包括了向西的鼓楼街。位于解放路与五一路中间。

公交: 10路、25路、1路、3路、4路

文瀛公园
穿越时空的相会

文瀛公园位于太原市中心,东邻海子边街,西距繁华商业街柳巷不足百米。她是太原市年龄最大的公园,穿越了六个世纪。600多岁的她,见证了城市的发展变迁,记录了太原市的兴衰更迭。

更名最多的公园

　　文瀛公园因文瀛湖而得名,源于公元982年。那时,新太原城筑城掘土后留下水坑,人们顺势将其扩成护城河的一部分。后来,明朝扩建太原城时,将其揽入城中。

　　清光绪年间,当时的冀宁道对这片海子进行了大规模的清理整治,湖四周安起了木栅栏,湖内放置了小船,在北湖东南建了"影翠亭"。从此,这里变成风景怡人的游览地。

　　当时有一通政,见海子紧临贡院,来应试的学子多到此地游览,就给它取了个文雅名字"文瀛湖"。从北宋太平兴国四年(979年)太原城的护城河,到明代的海子堰,到民国时期的中山公园、新民公园、民众公园,到新中国成立后的人民公园,再到1982年的儿童公园,又到2009年恢复了文瀛公园名称,文瀛历经千年沧桑。

巽水烟波

在文瀛公园中,最出名的一景莫过于"巽水烟波",它与"崛𡶜红叶""烈石寒泉""汾河晚渡""天门积雪""土堂怪柏""凌霄双塔""西山叠翠"并称太原古八景。

夏秋来临，文瀛湖会泛出虹霓的烟波，形成一番绝美景象。"巽"在八卦之中又是东南方向，而文瀛湖正是太原城的东南方位，所以称为"巽水烟波"。

如今文瀛湖茵茵绿草、粼粼碧水，花卉品种繁多，一年三季有花香。

夏季夜晚，凉风吹过，湖内莲花荡漾，走上状元桥，整个文瀛湖尽收眼底。

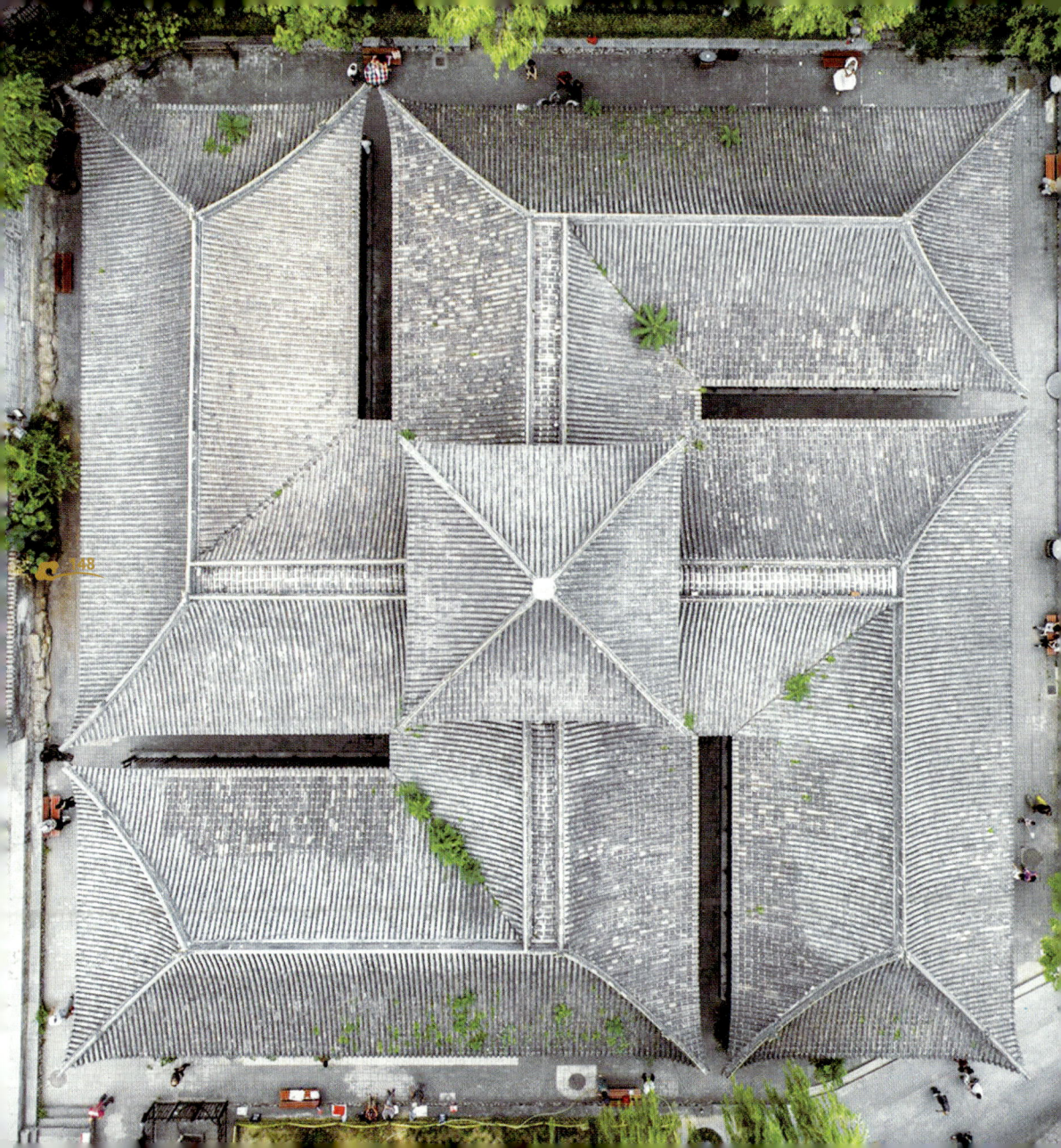

全国唯一万字楼

文瀛公园东北角有一处建筑群。从空中俯瞰整个建筑，呈"卍"字形，人称"万字楼"。万字楼是全国现存最完整的飞檐砖木结构建筑，也是全国唯一的万字楼。1937年春，阎锡山在文瀛东湖修建"卍"字楼。新中国成立后，太原市图书馆落户于此半个世纪，直到2004年才由文瀛公园收回管理。

其独特的平面布局在中国传统建筑实例中罕见，房屋为仿清式歇山顶建筑，有很强的艺术感染力。建筑专家说：万字楼无论是建筑形制还是雕刻图案，都具有较高的历史、科学和艺术价值。

万字楼前有一处精美玲珑的小亭子，亭子被一片人工湖围绕，湖中设有230个造雾喷头。每当水雾喷出，湖中的睡莲、荷花、菖蒲若隐若现，在五光十色的灯光映照下显得更加娇羞美丽。

崇德庐石刻

文瀛公园西门北侧的半壁长廊中镶嵌着《崇德庐帖》石刻,具有极高的观赏性及保存价值。

《崇德庐帖》石刻源于清末阳曲回族鉴藏家李希,他收集了钟繇、褚遂良、苏东坡、黄庭坚、傅山、米芾、郑板桥等历代名家书法作品,在清咸丰二年至五年(1852—1855)将之刻于100余块石上。

后战乱,百余帖刻被破坏而流失。太原解放后,李希后人李玉成将仅存的30块帖刻赠予山西省文物管理委员会,并增刻《帖刻序》两石,叙述刻石原委。

经修缮,如今漫步半壁长廊,文化气息扑面而来。

■ 王君

夜游迎泽公园

为什么推荐**夜游**呢？你要是看了迎泽公园的夜景照片，肯定会对**夜游**的建议竖起大拇指。迎泽公园以地标性建筑身份吸引着八方来客。如今，古风古韵的迎泽公园，成为摄影、游览必选的网红地。

穿越时光的变迁

根据记载,清末汾河水泛滥,太原城被淹,为了排出内涝积水,人们凿开南侧城墙,把积水引流到了迎泽门外的荒地上,久而久之,这里变成了一片低洼水坑。

1952年,太原市政府依照水坑的自然形态修建了公园,因地处迎泽门外,被定名为迎泽公园。1957年6月1日国际儿童节这天,迎泽公园正式对外开放,是当时全国少有的城市大型公园之一。

曾几何时,这里一直作为太原的地标式公园迎接着四面八方游客。那时,不去迎泽公园不算来过太原。如今迎泽公园经几次提档升级,婉约的古风古韵和令人迷醉的夜景,再次惊艳四方。

藏经楼谜之身世

被誉为太原十大地标建筑之一的藏经楼,位于迎泽公园湖东岸,是一座元代木结构建筑,距今已有800多年的历史。说起藏经楼的来历,还有一段故事。藏经楼原本在太谷县资福寺内,建于金代大定二十五年(1185年)。

在梁思成先生所著的《中国建筑史》中,对藏经楼有过记载,藏经楼重建于清康熙年间。资福寺正殿毁于战火,寺内其他建筑也破败不堪。20世纪50年代中期,由于年久失修,藏经楼岌岌可危,四周墙壁用几十根五六米长的椽木支撑着。当时,山西省文物保护部门认为藏经楼具有一定的历史价值和艺术价值,有保护的必要,而迎泽公园正在建设,就这样,藏经楼就被搬到了迎泽公园。

藏经楼从外看三层,实为两层,为宋元时期木结构、琉璃瓦顶的垂檐歇山式建筑,坐北朝南,建筑面积179.22平方米,楼高17米。

闹中取静的「怡园」

迎泽公园西北角,有一处仿明清古建筑群——怡园。

怡园正门后面的楹联与"怡园"遥相呼应:习静心方泰,无机性自闲。它是于右任所书,是说出门在外,心要静,去掉自己私心,自能得到内心安宁。

怡园这处建筑群由一座三层高的仿古楼阁及四周明清风格院落组成。阁楼与周边院落通过爬山廊连通,园内有荷香堂、枕流榭、廊桥、涵碧亭、迎泽阁、清音室、戏鱼馆、苍云坞、爬山廊等20多座建筑。

这处院落采用下沉式设计,院落中央是水池,水中栽莲花,鱼在水中穿梭。

远远望去,似乎每座建筑都通过游廊、园路、汀步、小桥等相互连接贯通,置身其内能体会到北方园林的厚重,又可感受到江南水乡的灵秀。

龙凤池云雾缭绕

迎泽公园西南隅也有一处仿古建筑群——五峰插云。这处建筑群分南、北两大部分,中间由飞虹桥连接。这处建筑群最吸引人之处是"雾气缭绕"。

建筑群南区有两处水池,名为龙池、凤池。凤池中央设凤鸣亭,龙池、凤池北端设跌水交汇于迎泽湖。白天的龙池、凤池"雾气缭绕",穿梭在亭台楼阁间的游客,仿佛进入"仙境"。

五峰中东峰是迎泽公园最高点,山顶建有望远阁,三层三檐十字歇山顶与攒尖顶组合式屋顶,为明代建筑。望远阁是登高环视迎泽公园的最佳位置。

迎泽公园是天文爱好者的观星点。公园在观星最佳位置五峰插云中的中峰新建观象台,观象台平面呈正八边形,内部中空。观象台顶部安装有大型天文仪器水运仪象台的仿品,水运仪象台是一座集观测天象的浑仪、演示天象的浑象、计量时间的漏刻和报告时间的机械装置于一身的综合性观测仪器,实际上是我国古代的小型天文台。观象台内部为天体文化球幕电影展示空间,极受天文爱好者喜欢。

令人迷醉的夜景

园内各式桥、廊、亭、榭及棚架、雕塑等园林小品星罗棋布,掩映在碧树鲜花丛中,既可游览观赏,又可驻足小憩。园内的仿古建筑成为了公园最靓丽的风景线。

湖心岛上有一座明清风格的"望月阁",长廊环绕,人们乘船登岛后,站在望月阁上可以一览公园风景。与家人、朋友散步聊天或微闭双眼感受湖面气息,清净又贴近自然。

白天,领略完迎泽公园惬意古韵,夜晚,迎泽公园将带给你一场视觉盛宴。如果说白天的古风建筑让人叹为观止,那么,配上蓝色的夜幕、璀璨的灯光,夜晚的迎泽公园更令人迷醉。

■ 王君

楹联诗韵 碑林公园

在太原,有这么一座十分特殊的公园。它面积不大,历史也不算悠久,游人也不算多,但却名声显赫,尤其在书法界有着很重要的地位,这座公园就是碑林公园。

碑林公园位于滨河东路康乐街出口处,沿滨河东路经过该路口时,就能看到一片亭廊宛转、错落有致的古建筑群,那就是碑林公园。

碑林公园为仿明清时期古园林,被称为山西造园典范。碑林公园占地面积13728平方米,布局为南、北两园。北园为"傅山碑林",是我国古典园林造景的中轴对称庭院风格,由碑厅、碑亭、假山、小桥、水池、碑廊、画廊等组成;南园为"三晋碑林",是以自然式的园林造景手法为基调,由管理房、创作间、碑廊等组成。2010年,碑林公园被评为山西省首座五星级公园,同时被评为国家重点公园。

如果你是一位书法爱好者,到碑林公园,会发现这里绝对是书法碑林旅游胜地。走进公园,418块石碑,会让你品味到祖国传统书法艺术的真谛。碑林公园最被人称道的莫过于傅山碑林。

傅山碑林坐落于北园,是我国第一个气势宏阔的大型个人书法碑林。

傅山是太原人,他的故事在太原家喻户晓。他发明的八珍汤,也就是头脑汤,深受太原人喜爱,成为300多年来,太原当地的名吃。

傅山初名鼎臣，字青竹，改字青主，又有浊翁、观化等别名。他博学多才，是著名的道家学者，哲学、医学、佛学、诗歌、书法、绘画、金石、武术等无所不通。他被认为是明末清初保持民族气节的典范人物。傅山与顾炎武、黄宗羲、王夫之、李颙、颜元一起被梁启超称为"清初六大师"。

傅山是书画艺术大师，碑林公园北园收集陈列了傅山各类书法作品222幅。傅山的书法，从晋、唐入手，上溯篆籀，博采众长，融会贯通，海纳百川，自成一格。他的书法成就在于既有书法理论，又有书法实践，是其整个学术成就的一个重要组成部分，在中国书法史上占据极其重要的历史地位。所谓看字识人，碑林公园的碑文，也成为了解傅山的一条途径。

碑林公园虽然面积不大，但其建筑布局十分精巧，四季有景，春花烂漫、夏荫浓郁、秋色绚丽、冬景苍翠。虽然身处闹市，但却是一处难得的清幽所在。它更像一位颇有风骨的文士，不矫揉造作，不曲意逢迎，不管你来或不来，它就在那里，看四季轮回，沉浸于楹联诗韵的碑林中。

■ 子语非

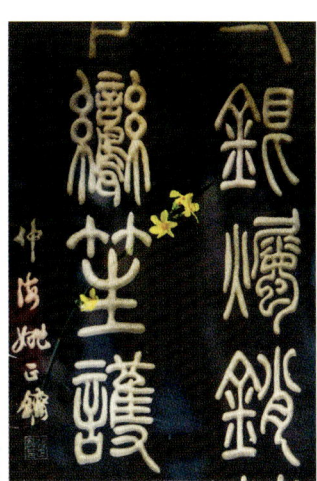

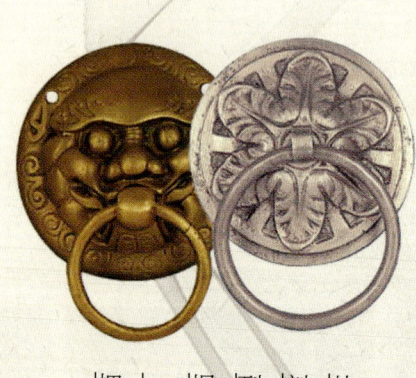

从琉璃、漆器、玉雕、刻瓷、铜瓷、剪纸，到制戏曲头盔、捏面团、踩高跷……一代代匠人，把生命融入艺术里。

至美匠心

A Journey to Discover Taiyuan

陆

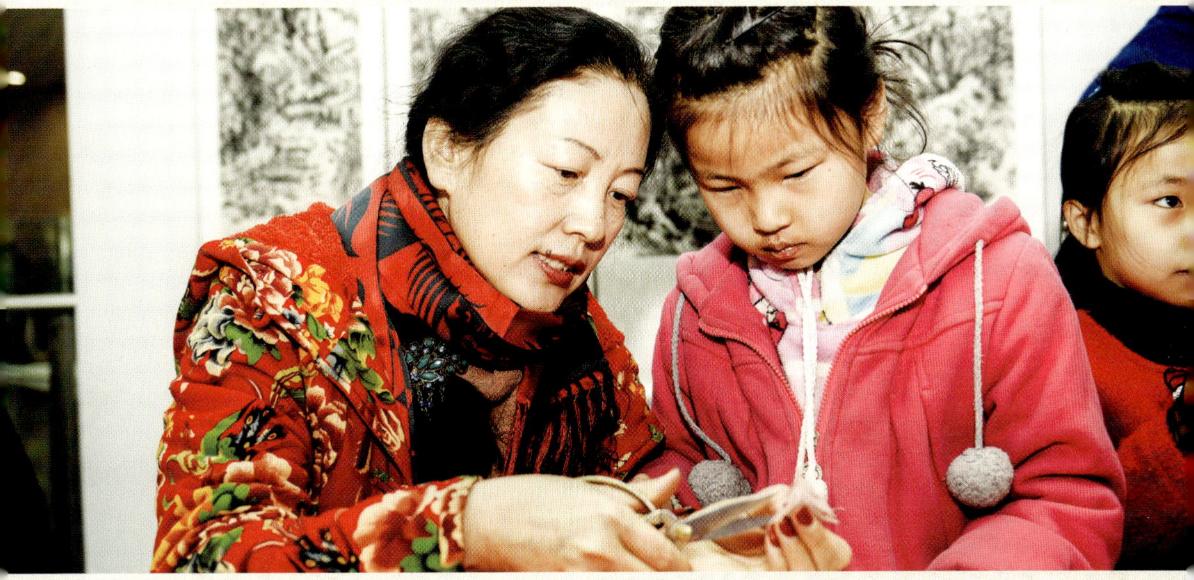

传承

六百年——皇家『苏氏琉璃』

　　700多年前，意大利商人马可·波罗历时四年长途跋涉来到中国。当他第一次看到故宫金顶时，发出这样的感慨："屋顶布置得金碧辉煌、琳琅满目，还有各种仙人走兽以及武士的图形！"马可·波罗眼中的金顶，就是中国陶瓷工艺发展史上一个非常重要的品类——琉璃。

　　山西是琉璃的重要产地,历史可追溯到魏晋南北朝时期。而在太原,有一户传承600余年的琉璃世家,苏永军便是琉璃世家的第八代传人。

　　苏永军的山头孔蓝琉璃传习所,位于迎泽区新沟村山头街僻静的县乡级公路旁,是一座砖墙围起的普通临街宅院。这座其貌不扬、看似普通的宅院,延续着600多年"苏氏琉璃"的精魂。

　　院子里,黄、绿、蓝三色的琉璃制品随处可见。院中最大建筑物是苏永军的琉璃展厅,占地百余平方米,是"苏氏琉璃"作品陈列室,也是苏永军创作工作室。室内,一边是精雕细刻、造型精巧的泥坯,一边是釉烧过后绚丽多姿的琉璃成品。

"琉璃制作要经过备料、塑形、素烧、施釉、釉烧等几个阶段,是一门综合技艺,要想熟练掌握这门传承数百年的制作工艺并非易事。"苏永军指着一尊已经烧制成型的琉璃狮子说。

琉璃的整个制作过程漫长而烦冗,在制作过程中,塑形是基础,是一切的基础,所以制作过程一定要严谨。塑形完成后,需要在阴凉处晾一至两天后加热烘干才能进行下一步素烧。

从泥坯到琉璃,需要两次烧制。素烧,经过1180度高温烧制,将泥坯烧为白色坯胎,再根据客户要求上釉色。经过950度的烧制,就成了展架上这些流光溢彩的琉璃制品。"苏氏琉璃"历史悠久,最早可追溯到明代洪武年间。当时,苏氏家族从洪洞县迁居至此,开始琉璃烧制。自古,这儿有大片的森林、丰富的煤炭资源和优质的坩土原料,为琉璃制作提供了极好的物质条件。

清代嘉庆年间，这里成为京城皇家供瓦基地，当时交通运输多用骆驼，每当发运琉璃瓦时，几十头骆驼的运输大队一字排开，驼铃声声，场面壮观。与此同时，苏家一些匠人又被京城琉璃厂招募，成为骨干。

"我家的'宫廷黄'是明清时期为故宫烧的琉璃瓦颜色，用东山的矿物作原料。我爷爷讲，那时家里有骆驼队。"说到昔日"苏氏琉璃"的辉煌，苏永军一脸自豪。

其实，最初苏永军没有从事琉璃行业，可对琉璃制作的耳濡目染，以及600多年传承难继的责任，令他难以舍弃，最终他还是背负起了将"苏氏琉璃"传承下去的重担。

通过多年的学习和探索，苏永军已熟练掌握苏氏琉璃的两种独家配方。其一是保存时间比较久，特供皇家的"宫廷黄"。另一种就是被称为"苏三彩"的孔雀蓝系列釉彩。

2008年，经国务院和文化部批准，"苏氏琉璃"被列入第二批国家级非物质文化遗产名录。而"苏氏琉璃"这门祖祖辈辈传下来的老手艺，在苏永军的手中焕发新生机。

现在，苏氏琉璃已形成集科研、开发、生产和普及、培训为一体的企业，其创造的琉璃字牌匾、文房用品和文玩用品也相继试制成功，并实现了产品转型、升级。

■ 郭晓华

戏曲头盔传人梁翠云：
一腔情怀续写三代传承

戏曲是我国传统文化的精粹，也是一门综合艺术。在戏台上，戏曲表演者绚丽多彩的装扮具有极强的观赏性和艺术感染力。在感慨戏曲服饰的炫目色彩和图案时，很难想象，这些服饰凝聚了多少代人的心血。

戏曲头盔是戏曲服饰的重要组成部分。如晋剧《徐策跑城》中，戏曲名家武忠、武凌云就将纱帽两侧的翅子耍得虎虎生风，从而表达戏曲人物的心理活动。戏曲头盔种类繁多，是一种民间纯手工技艺。可以说，每个戏曲头盔在一定意义上都是独一无二的。而作为传统技艺，戏曲头盔的制作已经成为非物质文化遗产。

梁翠云是一位戏曲头盔制作者，也是山西省非物质文化遗产传承人。

梁翠云原是山西省晋剧院戏曲头盔制作师，她从事戏曲头盔制作已有30多年，而制作戏曲头盔这一传统技艺传到她手中已经是第三代。

清朝晚期，梁翠云的爷爷梁在全在忻州北社村一户做戏装的人家当童工，干杂活。随着年龄增长，好学肯干的梁在全得到主家信任，开始学习制作戏曲服装和头盔。没过几年，主家年纪大干不动了，后人无法继承这个手工技艺，就把绝活传给了梁在全。梁在全在宏道镇创业，开了一家戏曲头盔、龙袍、靴子、髯口等古戏装制作作坊。后来，梁在全将技艺传给了梁翠云的父亲梁光银，梁光银把事业做到了省城太原。

"文革"开始后,戏不能唱,制作戏曲头盔没了市场。梁家人中断了戏曲头盔制作,但仍然保留下戏曲头盔图样,避免了这门工艺技术的失传。

改革开放后,戏曲市场得到恢复。对戏曲头盔有着浓厚兴趣的梁翠云便"女承父业",成为制作戏曲头盔的第三代传人。

戏曲头盔行话叫做帽盔,是戏曲演出道具的一部分,也是传统戏曲中演员所戴各种冠帽的通称。与脸谱一样,它是识别戏曲角色的标签。戏曲头盔的制作工艺基本是沿袭明朝的服饰、官帽,分为软、硬两大类,有巾、冠、盔、帽、梁五大项,大约100种,最常用的有五六十种,融入了服饰、美术、刺绣、神话等各种文化和艺术元扎、贴、漆等多种制作手法,制作过程复杂烦琐。

为追求精益求精,有想法的梁翠云并没有继续沿袭传统,而是按照戏曲演出的需要对戏曲头盔进行大胆的改良,使之更加适合戏曲表演者佩戴,同时也增强了头盔的装饰效果。

制作戏曲头盔的专业人员很少,全国

 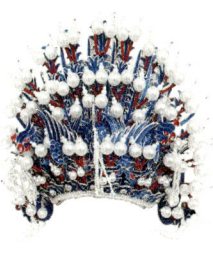 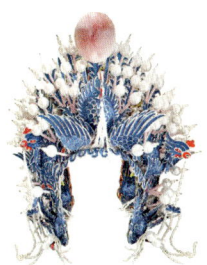 

素,结合了制图技艺,具有可舞性、装饰性、观赏性的特点。

由于造型复杂、立体感强,戏曲头盔只能依靠制作者手工制作。历经制图、雕版、加砂、烫壳、弹丝、硼砂、淋粉、贴金箔、点翠、成活等20多道工艺,通过刻、塑、染、没有几家,省内更寥寥无几,而传承三代技艺的梁翠云就成了香饽饽。她做的头盔质量好、造型美,受到了王爱爱、田桂兰、金世耀等多位艺术家的一致称赞和信赖。同时,浙江、陕西、河南、云南、海南、甘肃等地的剧团,都慕名而来请她制作。

吴婷

山西玉雕第一人
刘希明

"玉不琢不成器"，玉雕是中国最古老的雕刻品种之一。如何将一块璞玉雕琢成一件精美的玉雕，是每位玉雕师时时刻刻都在思考的问题，太原玉雕艺术家刘希明便是其中之一。

1988年，18岁的刘希明从学校毕业后，因为从小喜欢美术，便进入玉雕厂工作。令他没想到的是，一干就是20多年。在玉雕厂，他跟随高级技师学习玉雕技术。在他的刻苦钻研和老师的悉心教导下，他的绘画、雕塑才能得到了很好的实践与发挥。最初，他是为了求得一技之长。不过在对玉雕技艺深入的学习和研究中，他渐渐地喜欢上了玉雕，甚至到了对这种传统技艺痴迷的地步。

为了提高自己的雕刻技艺，刘希明又跟随多个玉雕大师进行了系统的学习及深造。在这期间，他有幸在海派玉雕名家翟依卫的玉雕厂参观学习，更有幸得到玉雕名家苏然的亲自点拨，受益良多。这段经历，使他的设计理念与雕刻技艺完成了质的飞跃。

"做玉雕,识料是根本。一件玉雕就是一件艺术品,它的美,或在于形态、色彩、意境,也可能三者兼而有之。雕琢玉器设计和构思在先,要以玉为基准,'量料取材''因材施艺'是玉雕的基本要求。"刘希明的玉雕作品将南方灵动与北方粗犷大气的风格结合了起来,生动活泼、线条优美、简洁明快、造型精美,尤其擅长动物和人物的设计和制作。

  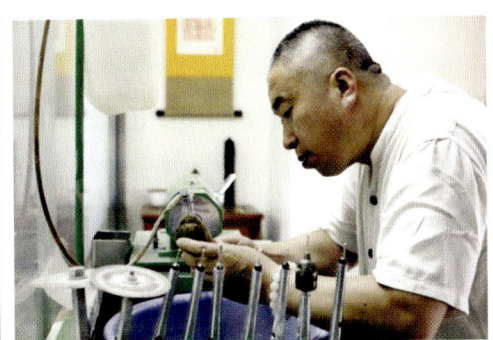

刘希明的代表作品有《送子观音》《太白醉酒》《山子松下老人》《龙凤牌》等，他也因此获得国家劳动社会保障部颁发的高级技师证书。从业20多年来，刘希明独立设计的玉雕作品达7000多件，有"山西玉雕第一人"之称。

"玉雕题材非常广泛，古老的题材也完全可以用现代的技法来表现。玉雕创作最重要的是把握造型设计的能力，成功的作品并不是一味地追求技术的高难度，而要从源远流长的中国文化中找到坚实的艺术根基。"刘希明认为，每个时代的玉雕艺术家，都力图在前辈高大的身影之后，树立起自己的形象，留下自己的贡献和创造，这种勇于超越的理想和气质，是玉雕艺术不断创新的内在动力。刘希明正是在继承传统文化的基础上，根据自己多年的积淀，对玉雕这门传统技艺进行了大胆的创新。2014年，他的作品《玉壶》荣获2014年中国工艺美术精品博览会"国艺杯"金奖。

匠心，只为至臻完美；执着，只为赏心悦目。玉雕艺术的生涯就是刘希明的生命，他表示，会尽心尽力去创造自我，让国粹艺术生生不息……

■ 辰儒

刻瓷非遗传人苗苗：
刀与瓷的故事

当坚硬锋利的刀遇到光洁润滑的瓷，它们会发生怎样的奇妙故事？山西刻瓷非遗传人苗苗，用她精湛的技艺，告诉了我们答案，而答案就在她一件件令人赞叹的刻瓷作品中。

很难想象,精美的刻瓷作品,制作工具十分简单,只需要一个瓷盘,一把小锤和一把刻刀。刻刀为合金刀头,不是普通的刻刀。制作工序和方法也不复杂,用小锤击打刻刀,在瓷盘表面刻画、凿镌各种形象和图案。但,外行看热闹,内行看门道,越是看似简单的技艺,其实对制作者的要求越高,在瓷器上作画可不是件容易的事儿。

相传,刻瓷最早源于秦汉时期,那时叫"剥玉",到了明清时期故宫里的造办处叫"刻瓷"。至今已有数百年的历史,是我国一门独立的瓷器艺术。

话说"没有金刚钻,别揽瓷器活",刻瓷最难的在于创作失误的不可逆。在近乎1毫米的釉面上刻画,每一刀都必须完美,不能出现一点儿瑕疵,稍有不慎就会前功尽弃。

尤其是黑盘刻瓷,完全利用黑釉色的厚薄、疏密表现明暗、层次及立体变化,如果在创作中将黑釉剥去太多,甚至露出白色质地,那么整个作品就成了废品。

"刻瓷还须耐得住寂寞,要有一颗平常心,这样才能给作品以生命。"苗苗说。小小刻刀,注入了苗苗无数心血,20多年的刻瓷道路充满艰辛。

苗苗,山西省非物质文化遗产传统刻瓷代表性传承人,国家二级陶瓷装饰工。曾获中国陶瓷技艺大赛职业技能比赛第二名,并获得五一劳动奖章,荣记二等功,被山西省政府授予"三晋技术能手""拔尖骨干人才"等称号。

17岁时,苗苗接触到刻瓷艺术,被这种艺术表现形式吸引。为学习刻瓷,她先后拜刻瓷大师翰林、张明文为师。苗苗肯下功夫,她的刻制载体从瓷盘发展到瓷板、瓷花瓶。

2004年,苗苗作品《瓷板雕齐白石》在第六届中国民间艺术节"万件民间艺术珍品展"获铜奖。从此,苗苗及她的刻瓷艺术在省内乃至全国叫响。她从一个名不见经传的刻瓷女孩,成为刻瓷领域响当当的人物。

2017年7月,在太原美术馆举办了"铁笔丹青——苗苗刻瓷二十年师生展",从艺22年来她带徒授艺,以传承为自己的使命,在艺苑瓷葩里开出了朵朵新卉。

"传承文化"是每个人的事情,苗苗希望通过自己的努力,能让更多的人从事和传承刻瓷这项事业,把山西民间艺术推上一个更高的档次,让这门艺术发扬光大。

■ 子语非

山西"神剪"郭梅花

一把剪刀、一张纸,就是这样简简单单的东西,经过一双灵活的手,雕、镂、剔、刻、剪。随着碎纸落尽,一幅生动精美的剪纸作品即呈现在眼前。

孔子

剪纸,作为一种非物质文化遗产,已有近千年历史。每逢喜庆的日子,山西很多家庭的窗户上,都会看到吉祥剪纸。而提到山西剪纸,就不得不提被誉为"民间工艺美术大师"、中国"十大金剪刀"的郭梅花。

"艺术其实是一种感觉,一种意识,它在你的大脑中闪现,于是我就用剪刀将这些想法、意念记录了下来。"山西艺术职业学院"梅花剪工作室"内,气质优雅、穿着时尚的郭梅花侃侃而谈。人到中年的她,经过30多年对剪纸技术的淬炼和积淀,在飞剪走纸间,将自己的情思、才华和美好的心愿倾注在剪纸中,形成了自己独特的艺术风格。

时代精神系列之一 助人为乐

时代精神系列之二 见义勇为

"我喜欢北方人粗犷的性格,而我的性格和剪纸也是粗犷的。"作为一名表现乡土风情的艺术家,郭梅花虽住在现代都市,但她一刻也不曾忘记乡间。她继承和发扬剪纸的民间风格,运用拟人、夸张、简化、添加、借代、类比、拼连、套嵌、装饰等造型方法,使自己的作品体现出丰富的民间生活气息。

郭梅花出生于1965年,山西孝义人。童年时,她深受母亲熏陶,对剪纸产生了浓厚的兴趣。青年时,郭梅花在孝义文化馆学习,为了收集散落在乡间的剪纸花样,走遍了孝义每一个村落,丰富了她创作的源泉。之后,又到北京的专业美术院校学习,开阔视野,为今后的发展打下了坚实的基础。来到太原后,郭梅花将自己的生活和工作都奉献给剪纸艺术,凭着一双手、一把剪刀开创了自己的一番事业,也为剪纸艺术的传承和发展做出了令人赞叹的贡献。

2014年11月,由中国文化部在老挝设立的中国文化中心在老挝首都万象揭幕。郭梅花应文化部邀请参加此次活动,并向老挝政府副总理潘坎赠送了剪纸作品《中华人民的爱》与"梅花剪"衍生品——平安如意丝巾。

时代精神系列之三 敬业奉献

时代精神系列之四 诚实守信

2019年2月,在外交部山西全球推介活动综合展上,郭梅花新创作的手撕钢剪纸作品《于成龙》和《踩高跷》艳惊四座,吸引了国内外嘉宾和中外记者的目光。

"山西剪纸不仅仅体现了中华民族的气质,同时也影响着世界民俗文化。"郭梅花希望用自己的剪刀"剪出"山西文化的深厚内涵。她不断创新艺术手法,不断实现着自己的艺术梦想。

 郭晓华

时代精神系列之五 孝老爱亲

非遗传人王博：
小面团捏出大世界

面塑，俗称"捏面人"，早在汉代就有文字记载。经过近两千年的传承和发展，面塑已经从古时的奇淫技巧变身为面塑艺术，从"小玩意儿"变成非物质文化遗产。同时，面塑也成为研究历史、考古、民俗、雕塑、美学不可忽视的实物资料。

山西的面塑艺术源远流长,在山西各地,面塑广泛用于节日、婚嫁、寿诞等诸多民俗风情、祭祀或庆贺活动,因种类齐全、制作精美、构思巧妙获得美名。山西省非物质文化遗产面塑艺术传承人王博,是太原一位面塑民间艺术家,也是太原传统面塑的第六代传人。

和面、上色,手中不同颜色的面团,经捏、搓、揉、掀,再用工具刀点、切、刻、划,塑成身、手、头、面,镶上装饰。顷刻间,一个挥着金箍棒的"美猴王"从王博指尖脱手而成。俗话说,台上一分钟,台下十年功,制作过程仅用几分钟,却饱含着王博近20年的辛勤汗水。

"小时候,如果能得到一个面人,是最开心的事情。"幼时过春节,王博总是跟着奶奶捏一些面鱼、面虎、面人、面馍。在奶奶的影响下,王博耳濡目染,对面塑产生浓厚的兴趣。这一兴趣,成为他日后选择传承发展家族王氏面塑手艺事业的方向。

2000年,王博开始学习其他面塑风格。在张振明传授下,王博系统地掌握了传统面塑技艺,为今后发展奠定了基础。

2004年,王博为使技艺得到突破,前往北京向"面人萧"萧占行学习精品面塑。这次北京行,是他从民间艺人向工艺大师蜕变的一步。

因为面塑工艺有特殊性，做一个精品人物，一旦开了工，需要一气呵成。2012年底，为了祝贺迎泽区建成群众艺术馆非遗项目展示馆，再现非物质文化遗产的精粹，王博用一个月的时间创作了包括《庙前高跷》《铁匠巷高跷精彩场景》《老鼠窟元宵制作流程》三组面塑作品，一共60件。作品展出，立即赢得了参观者的一片赞叹。

王博在学习面塑艺术的道路上，既虚心学习，又能大胆创新。"面塑工艺有很多短板，比如易碎、易裂、易变质等。"王博针对传统面塑作品易干裂、易收缩、易变形及易发霉褪色等不足，对传统面塑的材料配方进行研究。经过反复的实验，终于使得面塑配方得到了很大的提升。目前，他制作的面塑作品已达到不变形、不干裂、不褪色、不发霉，还很环保的制作工艺。

经过20余年的钻研和实践，王博的技艺日趋成熟，并形成了自己的艺术风格。他多次参加全国和省、市民间艺术活动和评选，作品屡获殊荣。2011年，受法国圣丹尼市当地华侨商会与关公协会的邀请，王博前往法国表演面塑艺术。在表演现场，他的作品受到了当地人盛赞。

一步一个脚印，王博在实践中不断挑战自我，用一个个小面团，捏出了面塑事业的大世界。

■ 吴婷

百年老巷中走出的"高跷男团"

每逢过年,在太原永祚寺广场、柳巷、云路街等地的社火活动中,总能看到一支由老年人组成的高跷队。别看老人们都是60岁以上,但跳起欢快奔放的"高跷秧歌"丝毫不逊于小伙子。老人们踩着1.1米高的高跷,做出跨单杠、翻双杠、上天桥等令人咋舌的高难度动作,成为社火活动中一道独特的风景线。这支队伍名为"铁匠巷高跷会",是由铁匠巷高跷第五代传人韩继生重新组建的。

铁匠巷高跷的历史可以追溯到200多年前清代康乾年间。1912年,艺名为"小盆"的高跷艺人组建了"铁匠巷高跷会"。以《渔樵会》为主要内容,将传统舞蹈与"武高跷"表演形式融为一体,形成有当地特色的民间传统社火艺术。

铁匠巷高跷动作多以扭、摆、舞、逗、颠、蹦进行表现,展示了"武高跷"威武刚劲、舒展飘逸、诙谐风趣、引人入胜的独特风格。主要表演节目有过天桥、跳板凳、编骆驼、打蹲子、跌八叉、磕跷腿、上单杠等,其中绝活是鹞子翻身、大雁展翅、金鸡独立、苏秦背剑、怀中抱月、蝎子倒钩、风摆荷叶。绝技"上天桥"成为铁匠巷高跷的最大亮点,充分体现出太原武高跷粗犷火爆、欢快奔放、恢宏壮阔的特性。

70多岁的韩继生是铁匠巷高跷第五代传人。三四岁时,韩继生就能踩着小高跷,跟着父辈走街串巷,编骆驼、上天桥等高难动作也不在话下。那时,会踩高跷、会敲锣鼓是铁匠巷男人们的看家本领。20世纪80年代末,铁匠巷一带的老居民因城市改造四处搬迁,铁匠巷高跷随之淡出人们的视线。

2009年,随着太原文化事业的发展,各种传统民俗也从默默无闻中走了出来,

重新出现在世人面前。在这种社会环境下,韩继生萌生了重新组建"铁匠巷高跷会"的想法。但,他也很担心,不知道能不能把"铁匠巷高跷会"重新建起来。

韩继生到处联系当年那些身怀高跷技艺的老邻居,令他没有想到的是,这些老兄弟竟然也有同样的想法。于是,组建"铁匠巷高跷会"的消息,很快就将高跷老艺人们聚拢到了韩继生身边。而"铁匠巷高跷会"也在韩继生的带领下重新组建了起来,并将其申办为太原市非物质文化遗产。

"铁匠巷高跷会"成立后,曾经代表太原市参加过"慰问苏联专家演出""陕西保德慰问表演""太原市春节联欢演出",受到观众的高度赞誉和喜爱。目前,"铁匠巷高跷会"经过10年的发展,已经由当年的20多人发展到了48人。"铁匠巷高跷会"作为太原市非物质文化遗产,也成为这座文化城市的特色文化之一。

■ 辰儒

郭智军：
让残缺美升华的锔瓷人

　　锔瓷，对于现代人而言，这样的老手艺显得十分陌生，很多人通过《我的父亲母亲》这部电影了解到锔瓷这一传统技艺。

　　在张艺谋导演、章子怡主演的电影《我的父亲母亲》中有这样一个令人印象深刻的片段：招娣（章子怡）在给乡村老师（郑昊）送饺子的途中，得知乡村老师被带走，她前去追赶，不慎将象征着两人爱情的青花碗打碎。瞎妈妈为了给招娣留个念想，找来锔瓷匠人锔好了青花碗。而青花碗的修复，也预示着影片的结果。

　　当下，虽然锔瓷作为一种传统技艺，已

离我们的生活越来越远,但仍有一些人在坚守着这一流传千年的老手艺,太原壶聚福锔瓷传承人郭智军便是其中之一。

"之前,我一直是做茶叶、茶具生意的。在做生意的过程中,用来装茶叶的瓷器、杯子,经常被客人磕坏,看着十分可惜,我就想着能不能修复这些瓷器。之后,我经过寻访,找到我师父王振海,便开始跟着他学锔瓷。"郭智军回忆,从2013年他到辽宁抚顺找"锔活王老邪"王振海学习锔瓷,到现在已经六年。他在老师的指点下,从一名新手逐渐成长为一名能够独当一面的能工巧匠,在太原锔瓷这一行当闯出了不小的名声。

"俗话说'没有金刚钻,别揽瓷器活',锔活看似简单,实则不然,每一步操作都考验匠人手头功夫的准确性和熟练度。"郭智军锔补的常用工具包括锔钳、镊子、钩子、钉锤等几样。每一次锔补,他都会将工具摆放得整整齐齐。

锔瓷的程序是先找到碎片碴口,拼接后用绳子反复扎紧,再用金刚钻沿着裂缝两边钻出小孔,钻孔时要钻到瓷器厚度的三分之二,留下三分之一,这样锔钉之后不会漏水。然后上锔钉,只能打一锤,恰到好处地将锔钉嵌入到位,如果再打第二下,就容易将钻孔打崩或把锔钉打坏,所谓"一锤定音"就体现在这里。最后将调和的瓷粉、紫砂粉填入锔钉缝隙,擦净后就大功告成。

 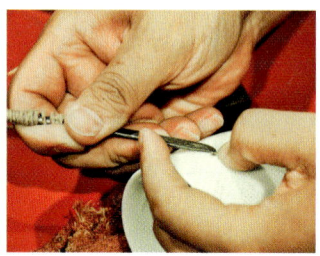 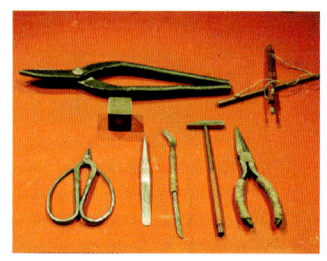

观赏郭智军修补的瓷器时,那些破碎的瓷器被一个个精致的锔钉紧紧地扣在一起。在这些瓷碗和紫砂壶上,还有青蛙和金鱼等神态生动、造型精美的锔钉。

其实,锔瓷并不是单纯在瓷器上打"补丁",而是让其更具观赏价值,这种在破碎瓷器上的艺术再加工,行话叫"锔活秀"。

"锔活秀"是锔活行当中最难做的一种绝活,没有规范参照,完全根据瓷器、紫砂裂纹处的位置及花纹图案来锻制锔钉,工艺性强,艺术性要求高,尤其是传世稀少的古旧瓷器、紫砂的锔补修复难度就更大,危险性也更大。操作一次到位,没有重复的第二次。加上锻制成的花钉和嵌补、嵌口、包口、包边、包嘴、镶包、嵌饰、做件等使得瓷器锦上添花,增添了文化艺术魅力。锔瓷技艺能使破碎的瓷器复原再生,变换成另一类独具观赏价值与艺术价值的瓷文化工艺美术品。

时代在进步,文化更需传承。在这浮躁喧嚣的社会,匠心精神更要去坚守。

目前,郭智军已经转行专职从事锔瓷,他表示,会坚守锔瓷这一传统技艺,并将其继续传承下去……

■ 郭晓华

非遗传人郭喜梅的大漆人生

　　我国有三大宝,"树割漆、蚕吐丝、蜂做蜜",而这三大宝中的"漆",又名大漆。这种大漆为一种天然树脂涂料,是割开漆树树皮,从韧皮内流出的一种白色黏性乳液,经加工而制成的涂料。山西是大漆的产地之一,因此也孕育出了传统漆器制作工艺这一非物质文化遗产,而太原市工艺美术大师郭喜梅便是其传承者之一。

"很奇妙,我与大漆的缘分是从嫁给我丈夫开始的。"杨家峪乡小窑头村梅艺漆坊工作室内,郭喜梅回忆自己第一次接触大漆时的情形感慨不已。

郭喜梅从小就喜欢画画,这为她后来选择传统大漆工艺奠定了基础。1998年,她与张利志结婚,丈夫一家祖上四代都是做大漆的,郭喜梅初见大漆制作的漆器便觉惊喜,一下子就被漆器的艺术魅力所俘获。从此,她开始了自己的大漆人生。

大漆工艺品主要制作材料为金粉珠玉,以及蛋壳、木屑、砖粉、贝壳、骨头等。由于大漆工艺品以木质材料做底,只要漆面不磨损,放置时间越长,越能体现大漆的美感,这也是人们喜好漆艺作品的原因。郭喜梅接触大漆后,经过一段时间的学习,很快便在漆艺制作上显示出了天赋。

"大漆制品最早可追溯到公元前7000多年,浙江余姚河姆渡出土的朱漆碗可证明。"郭喜梅所推崇的传统漆器制作工艺,所使用的便是人工从漆树割取的天然生漆,即大漆。

郭喜梅制作漆器,首先要用木材做坯,之后用麻布包胎、刮灰、做纹理、上漆等,最后推光。每道工序都需要重复数次,每次都要耐心打磨,打磨后需要12个小时晾干,又要在荫房放置12个小时以上,才能开始下道工序。

由于工艺过程烦琐且操作难度大、成本高,做一个漆器最少也要三个月,因此,郭喜梅的顾客基本都是要求订制,目前没有实现量化生产。

郭喜梅最初选择传承大漆时,其实她有很多可以获得更好回报的发展道路,但她和丈夫的家庭都是这份手艺的传承者,她不想让大漆的传承人越来越少,更不愿看到这样优秀的传统文化渐渐没落,所以才选择了学习和传承这项非遗手工艺。

经过多年的努力,郭喜梅和丈夫在2004年,共同创办了太原市漆器制作机构"太原梅艺漆坊"。通过不断摸索和学习,郭喜梅和丈夫共同创作的漆艺作品取得丰硕的成果。

她多次参加山西省委宣传部、文旅厅、商务厅等部门组织的全国性展览会、洽谈会、文博会等活动,为宣传"太原漆器"艺术做出巨大贡献。她在北京、上海、深圳等地举办了个人漆器作品展,受到港澳台同胞及广大人民群众的喜爱。许多作品受到国内外友人的喜爱和收藏,并被带到十几个国家及地区,赢得海内外的赞誉和青睐。

■ 多宝

我们有多年轻呢?
也就是上下五千年。
这些文物里藏着中国人的基因密码,
它呈现的是一段历史,
一段光阴的故事。

博物馆

前世今生

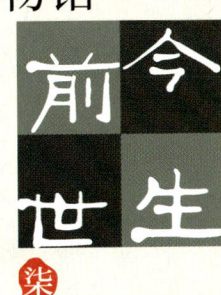

A Journey to Discover Taiyuan

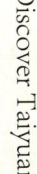

柒

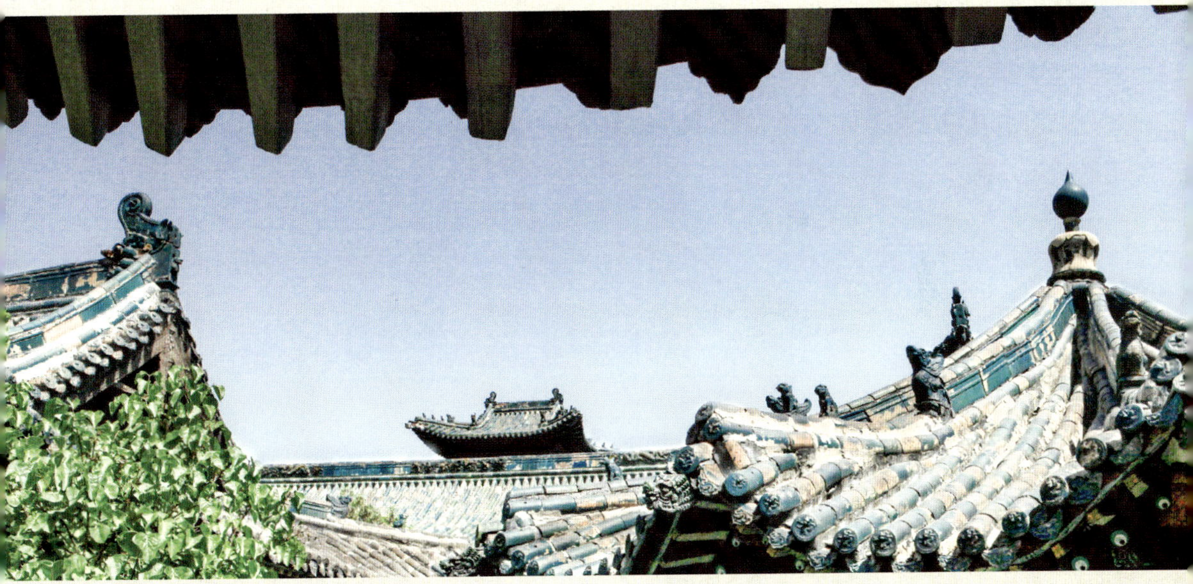

山西古建筑博物馆

山西古建筑博物馆位于太原市五一广场西北隅，以纯阳宫为馆址，占地10000余平方米，现存建筑为明清遗构，是道教思想与建筑形式完美融合的典范，属国家重点文物保护单位，国家二级博物馆。

馆藏文物以历代宗教造像为重点，现有基本陈列为道教佛教造像、陶瓷、青铜器、珐琅器、石碑等。

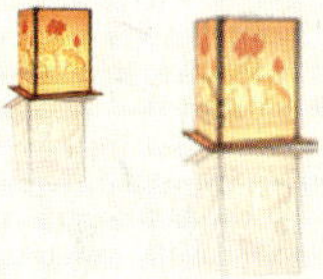

TIPS

地址：起凤街1号

门票：30元/人；学生凭合法有效证件实行半价优惠；中小学生集体参观、儿童、现役军人、革命伤残军人、60岁以上老年人等予以免票。

开放时间：周二至周日正常开馆，节假日另行安排。（周一闭馆）
夏季：9:00—17:00　冬季：9:00—16:30

山西考古博物馆

山西考古博物馆前身是山西省博物院,位于太原市迎泽区文庙巷西40号,是山西省境内布局完整、规模较大的孔庙建筑群。

山西考古博物馆依托太原文庙的展陈空间和山西丰富的出土文物资源、考古成果,创建具有考古学特色的考古博物馆,向社会公众科学传播考古学知识,讲好中华5000年文明发展进程中的山西故事,彰显黄河文化孕育下的历史文脉传承。

TIPS

地址： 文庙巷40号
门票： 30元/人（每个月第三个星期的星期三对所有观众免费开放）
开放时间： 周二至周日9:00—16:00（周一闭馆）

孙中山纪念馆

原名"劝工陈列所",始建于清光绪三十一年(1905年)。1912年秋,孙中山先生来并考察,下榻小瀛洲,在此楼凭栏发表了"消除旧思想,建设新国家"为内容的演讲,此楼遂更名为"劝业楼"。1986年,时值一代伟人孙中山先生120周年诞辰,市委、市政府将此楼辟为孙中山纪念馆。

孙中山纪念馆是一座中西混合式二层建筑。基本框架为硬山顶双层砖木结构,东西面阔七间,长约30米,南北进深两间,宽约15米,总面积约800平方米。孙中山纪念馆是省级文物保护单位,也是山西省唯一的以图片展览和实物陈列形式,集中展示孙中山和山西辛亥革命历史的纪念馆。

TIPS

地址： 文瀛公园内
门票： 免费
开放时间： 上午9:00—11:00　下午15:00—17:00
　　　　　（周一闭馆）

彭真生平
暨中共太原支部旧址纪念馆

文瀛湖畔展红旗,
英雄城内忆英雄。

彭真生平暨中共太原支部旧址纪念馆坐落在太原市文瀛湖畔。这里原是山西贡院，1906年（清光绪三十二年）创办山西公立中学堂，1913年更名为山西省立第一中学校。高君宇、贺昌、彭真等曾在此就读，并从事革命活动。1921年5月，在此成立太原社会主义青年团。1924年夏，高君宇受中共北京区委指示，在此组建山西省第一个党支部——中共太原支部。中共太原支部建立后，先后领导发动了一系列重大革命斗争，有力地推动了全省反帝反封建运动的发展，在党的历史上谱写了光辉的一页。

为了纪念中共太原支部的成立，缅怀高君宇、贺昌、彭真等老一辈无产阶级革命家的光辉业绩，经中央批准，中共山西省委、山西省人民政府决定修建彭真生平暨中共太原支部旧址纪念馆。整个建筑工程于2002年3月1日动工，10月12日竣工，建筑面积为5820平方米。彭真生平暨中共太原支部旧址纪念馆的修建落成，为宣传党的光辉历史，继承和发扬党的优良传统，促进改革开放和现代化建设事业的发展，具有重要的意义。

地址： 文瀛公园内
门票： 免费
开放时间： 9:00—16:00（周一闭馆）

山西省体育博物馆

山西省体育馆始建于1958年,1961年投入使用,2009年被太原市政府命名为"太原市历史建筑",是我省唯一受保护的体育类历史建筑。2013年10月,山西省体育馆更名为山西省体育博物馆,同时挂牌山西省体育文化发展中心。

山西省体育博物馆分为古代体育厅,近现代、当代体育厅,奥林匹克走廊,名人堂以及国防科技体育厅五个展区。各个展厅以不同阶段的体育发展为背景,以山西特色体育文化为基础,以丰富的体育文化和代表性藏品为支撑,展示了山西体育文化的内涵和历史进程。

■ 王欣雨

TIPS

地址:双塔西街40号
门票:免费
开放时间:上午9:00—12:00 下午14:00—17:00
(周一闭馆)

图书在版编目（CIP）数据

发现太原府城/李慧主编． —太原：三晋出版社，2022.5（2024.3 重印）

ISBN 978-7-5457-2450-9

Ⅰ．①发… Ⅱ．①李… Ⅲ．①太原—概况 Ⅳ．① K922.51

中国版本图书馆 CIP 数据核字（2022）第 087165 号

发现太原府城

主　　编：李　慧
责任编辑：薛勇强

出 版 者：山西出版传媒集团·三晋出版社
地　　址：太原市建设南路 21 号
电　　话：0351 - 4956036（总编室）
　　　　　0351 - 4922203（印制部）
网　　址：http://www.sjcbs.cn

经 销 者：新华书店
承 印 者：山西新华印业有限公司

开　　本：787mm×1092mm　　1/24
印　　张：9.25
字　　数：150 千字
版　　次：2022 年 5 月　第 1 版
印　　次：2024 年 3 月　第 2 次印刷
书　　号：ISBN 978-7-5457-2450-9
定　　价：68.00 元

如有印装质量问题，请与本社发行部联系　电话：0351-4922268